VOLUMEN 6

LA QUÍMICA DEL PENSAMIENTO

CONEXIÓN ESPÍRITU-CUERPO

CUARTA EDICIÓN
AMPLIADA Y REVISADA

Carlos L. Partidas

quimicor2@gmail.com

DEDICATORIA

Para la doctora Jandy Lilia Campins Alí, quien me ha demostrado que la distancia no es un obstáculo para una gran amistad. Con su experiencia, ella me confirmó que las incomodidades emocionales residen en la mente, y que el cambio de actitud oportuna, es importante para sacar de raíz esas conductas psicológicas que pueden hacernos verter lágrimas innecesariamente.

CONTENIDO

RECONOCIMIENTO

A la memoria de los psicólogos doctores Fernando Acuña y Enrique Cohen, quienes me hicieron entrar al mundo de la auto-hipnosis como una herramienta mental infalible para reprogramar el comportamiento de nuestra vida.

1 INTRODUCCIÓN

El pensamiento, es la energía que se emite desde el espíritu, para que el mismo pueda expresarse hacia el mundo físico. Puesto que es mediante el pensamiento, que el espíritu puede manifestar, expresar, ejecutar sus ideas, o dirigir las acciones para manipular la materia. Y para ello, es necesario que el espíritu esté anclado en un cuerpo. Porque esta energía que conforma el espíritu, se conformó antes de ser parte de la materia, o de manera independiente e inseparable. Pues es una clase de energía inteligente, que emergió junto con el proceso de formación del Universo. Y luego surgiría la masa, la cual se formó a partir de la energía, que se condensó y se transformó en materia. Pero esta no es una forma de energía dispersa, sino que la misma se configuró mediante otra clase de energía integradora, que le transfieren al ser energético aglutinado una figura muy bien definida, y con una alta resolución. Porque incluso, esta clase de energía que forma el espíritu, puede mostrarse visible con su aspecto muy bien delineado y conformación propia.

Significa, que los espíritus son en realidad, la misma clase de seres energéticos, que viven y actúan según las cualidades que los caracteriza en el mismo mundo. Es decir, Pedro, o Ana siguen siendo los mismos aquí o allá en el mundo energético, solamente que unas veces están por aquí en el mundo tridimensional, mientras que en otras ocasiones están por allá en

1

el mundo espiritual. Pero ellos tienen su propio brillo y forma inteligente. Y tal vez para evolucionar, los espíritus necesitan del proceso de aprendizaje. Por lo cual, entre las tantas cualidades que puedan ser ganadas, estarán por ejemplo, las de sentir cómo es, o qué se siente cuando se está imbuido en un cuerpo; o maniobrarlo, ya que no es muy fácil vivir cautivos como seres humanos. Pues se requiere de una gran capacidad y destreza, para poder dominar la mente, y controlar una serie de condiciones, con el fin de superar una enorme cantidad de pruebas y obstáculos durante la estadía en vida terrenal.

De tal forma, que los espíritus, también que están y seguirán vivos energéticamente. Pero digamos que para un ser que vive en el mundo tridimensional, necesitamos saber, cómo es este proceso integrador, de dónde surgió, y cómo se conecta, para que mediante la acción del pensamiento, el ser energético puede expresarse de una u otra forma. Porque está acción para el aprendizaje, es inherente para cada forma de espíritu de manera individual.

Y hemos tenido que concluir, y por la observación de nuestra experiencia, que esta unidad energética que llamamos espíritu, tiene que estar conformada por una clase de partícula elemental, que hemos tenido que definir como *almatrino;* porque estos *almatrinos,* están integrados a su vez, mediante otra clase de fuerza energética, la cual hemos definido como *urdires.* Y de esta manera, se integraron los *almatrinos* con los *urdires* para formar una identidad propia, independiente e inteligente, que se hizo consciente de sí misma; es decir, de su propia existencia.

Porque una vez definidas estas partículas integradas mediante estas fuerzas energéticas, será la única manera de explicarnos varios fenómenos: tales como la capacidad de comunicarse, pensar, decidir, orientarse en el espacio, aprender, existir, relacionarse y tener sentimientos; empatía, antipatía, etc., pero también, por qué podemos viajar en el tiempo. O la particularidad de poder ver a estas formas de espíritus no encarnadas, pero que les decimos fantasmas. O el poder de desconectarnos de la materia, y traspasar las cosas hechas por materia sin sentir ninguna fuerza que se nos oponga. O por qué podemos viajar tan rápido, para llegar por ejemplo al sitio más recóndito del Universo en un tiempo muy breve. Y a todas esas facultades juntas actuando, es lo que llamamos inteligencia, por lo cual requerimos del pensamiento para poder manifestarlas.

Pero también, necesitamos saber, de qué manera y en qué momento se conecta el espíritu con la materia, para que la energía espiritual pueda expresarse y comunicarse de esa manera tan diversa e individual, porque todo cuanto Ser existe, el mismo ha surgido del Universo, pero cada uno, asumen las formas de vida distinta que se consiguen en la Tierra.

Y es con «La Química del Pensamiento», que vamos a tratar de describir, como es este proceso integrador del espíritu con la materia para un Ser humano. Porque no sabemos, si a esta clase de energía inteligente la podemos llamar espíritu cuando se trata de la energía que anima, por ejemplo a una bacteria. Pero el espíritu, es esa energía independiente que aborda la materia; y para ello, en los organismos superiores en cuanto a su complejidad, necesitamos que esta materia se convierta en otras sustancias, tales como los neurotransmisores, sensores nerviosos, neuronas, músculos, glándulas, cerebro, etc. Y todo este asunto que se integran a su vez, para formar las unidades más espectaculares de todas los que puedan existir en todo el Universo; y aquí les decimos células. Porque son las células, donde existe esta conexión de la energía con la masa, pues son las únicas unidades físicas que le dan vida a la materia viva: desde un Ser unicelular, hasta uno más complejo.

Pero además de la materia, los espíritus necesitan de otras cualidades, para poder expresar sus acciones en el mundo físico, lo cual no depende exclusivamente de la materia. Tales como aquellos aspectos que solamente son inherentes a la energía; y por tanto, al espíritu, para que realmente funcionen, aquellos aspectos que son únicamente de carácter psicológico o necesarios para el aprendizaje. Por ejemplo, lo aprendido, primero se aloja en la materia virtual que forma el hipocampo; pero luego, esta memoria que está en forma de materia, es convertida en energía. Después, la información más importante es seleccionada, con el fin de ser convertida, transmitida y almacenada de alguna manera, en la memoria permanente del espíritu, o donde se aloja como memoria cuántica o energética.

Y decimos materia virtual, porque en realidad que para el espíritu, el cuerpo es efímero. Y decimos memoria permanente, porque la energía que forma el espíritu, es eterna y nada la podrá destruir. Pero también, cuando decimos que la memoria selecciona, es porque no pretenderíamos tener que sobresaturar la memoria permanente del espíritu, con aquellos recuerdos redundantes, o que no nos serán útiles para el desarrollo del aprendizaje. Y se recordarán de manera permanente, solamente aquellos eventos que tengan un carácter trascendental.

Mientras que aquellos eventos que fueron grabados errónea-mente, o que nos afectan emocionalmente de alguna manera nuestra forma de actuar durante nuestra estadía como Seres humanos, los podemos resetear, borrar, corregir o suplantar, con el fin de enviar y grabar hacia la memoria energética, so-lamente los recuerdos de aquellos eventos que nos serán ven-tajosos y útiles, para nuestra evolución espiritual, o nuestro desempeño como Seres humanos.

Y estos recuerdos, solamente están grabados como imágenes. Y aquí está la gran utilidad de la autosugestión o autohipnosis, porque será lo que nos ayude a desarrollar estos procesos, mediante los cuales podremos borrar y suplantar imágenes en la memoria virtual, para que solamente sean grabadas en la memoria permanente del espíritu, aquellas imágenes útiles, o las que más nos convienen, para mostrar lo que queremos y realmente lo que nos gustaría ser o hacer.

Y son solamente actos que están en forma de imágenes; ya que por ejemplo: aleje, y observe este libro abierto en esta página, hasta un punto que no pueda leer; y solamente verá la imagen de una hoja llena de letras. Pero ahora, acerque la página hasta un punto, donde solamente enfoque su atención en una sola letra, y sólo podrá ver la imagen de esa letra. Y cada letra tiene su propia imagen, lo cual hace que podamos diferenciarla de las demás letras. Pero si combinamos dos o más letras, esta composición formarán una palabra; y varias palabras, formarán un párrafo. Y varios párrafos, son los que llenan la hoja de palabras, y que le dan un sentido al texto de la página, y luego a todo el libro. Pero siempre será una ima-gen, y en este caso la imagen de una sola letra. O sabemos que 2 más 2 suman 4, pero nadie ha tenido un 2 o un 4 entre sus manos. Es solamente una simbología, es decir, una imagen, o nadie podría tener entre sus manos una función matemática. Así que la memoria del espíritu, también se produce mediante la intercalación grabada en forma de imágenes. Pero según lo que queremos ser, reforzar o perfeccionar lo que hacemos o hemos hecho, o lo que ahora queremos hacer, lo podremos lograr: borrando, afinando, delineando o colocando las imágenes en el orden correcto, para poder ser o hacer lo que queremos, mediante la estrategia de manipular correctamente las imágenes que están grabadas de manera energética, en nuestra memoria permanente.

Y esto tiene que ser así, porque de otra manera, no nos pudiéramos explicar, por qué, o cómo es que nacen niños virtuosos, o que se desempeñan de una manera tan resplandeciente en alguna forma de la ciencia, artes, personalidad y la política. Y decimos ciencia, arte, personalidad y política, porque son algunas de las formas, donde más se expresa la facultad útil del Ser, tanto como cuerpo humano, como energía.

Así por ejemplo, en cuanto a la ciencia, el niño Gauss, se hizo a su temprana edad un gran matemático. El niño Adolf Windaus, cuando niño ya era un gran químico. En el arte, el niño Wolfgang Amadeus Mozart, a su edad ya era un gran compositor, o no nos podremos explicar cómo hacía él cuando joven, para componer una partitura para la misma melodía, pero que se toca con dos pianos, y que suena como un verdadero dúo de voces que nos hacen evocar imágenes. O los niños Chloe Chua y Christian Lí, a sus diez años de edad, dominan magistralmente el arte de tocar el violín de manera delicada. En la personalidad, la niña Bella Deviátkina a sus cuatro años ya domina siete idiomas, o el niño brasileño Luiz Antonio, de tres años de edad, le explica a su mamá, la razón por la cual no se deben matar a los animales para comérselos. En la política, está el caso del niño Simón Bolívar, quien sus once años de edad ya discutía con sus protectores sobre los derechos sociales. Porque además quedó huérfano, y surgió una querella entre sus familiares, que lo único que querían era administrar sus bienes heredados. Así que el niño Simón, le planteaba a sus protectores, aspectos relacionados con sus derechos como niño y la libertad. Y le decía a quienes lo querían obligar a un protectorado: «Ustedes pueden hacer con mis bienes lo que quieran, pero con mi persona no. Porque si los esclavos tienen libertad para elegir amos, a mí no me la pueden negar para vivir en la casa que me agrade». Y esta forma de pensar, aunque viene de un niño, es una parte esencial en la política, para la conducción masiva de seres humanos. Porque luego en la adultez, Simón Bolívar podía dictar cartas en varios idiomas, o a la vez de estar participando en un baile, se retiraba para a dictar sus ideas a los escribanos, y regresar de nuevo al salón de baile. Esto era así, tal vez, porque Simón Bolívar podía tremolar o ir y venir a buscar o a llevar lo que estaba grabado y grabando, desde su memoria virtual hacia su memoria permanente. O estaba realmente consciente; y solamente lo impulsaban el pensamiento hacia sus propósitos.

Pero lo cierto es, que luego de adultos, los resultados demuestran, que cada quien ya trae empacado sus designios y la cantidad o porción energética que puede, o ha de soportar para corregir y transformar mediante sus diferente formas de pensamiento, las cuales son cualidades propias de cada espíritu, o muy exclusiva y particulares.

Y nos tenemos que referir a los niños, porque evidentemente que ellos todavía no tienen suficiente edad, como para decir, que sus habilidades innatas son el producto de un aprendizaje. De tal forma, que esto solamente le puede llegar a cada uno, porque así están grabados en la memoria permanente de cada espíritu. Y cuando este reencarna, trae consigo, o evoca esos recuerdos, pero no como una forma vaga, sino con un fin muy específico, propósitos firmes y muy bien planificados. Los cuales pueden ser para el bien de una sociedad o de la humanidad. Lo cual lo eleva consecuentemente con el logro obtenido, hacia su propio desarrollo espiritual, y con ello se inmortaliza. No solamente como espíritu, sino también su pensamiento. Porque el pensamiento, evocado de esta forma, es como quien utiliza la retórica para adornar su discurso; para con ello, hacerse entender de una manera más clara y precisa de manera real.

De todas maneras, que es la memoria en forma de imágenes, lo que determinan nuestra forma de ser, o la que mostramos hacia el mundo físico. Pero algunas veces, estas imágenes no son las correctas y adecuadas. Así que es posible borrar aquellas imágenes que nos afectan; y las que no nos son útiles, las podremos corregir, o suplantarlas por aquellas que le den un mayor sentido a nuestros propósitos, tanto en el estado espiritual o energético, como en el estado físico. Pero eso, solamente lo podremos lograr, si apaciguamos la mente. O mediante un estado de quietud previo, mediante la autosugestión; para con ello, poder redirigir nuestro comportamiento, y utilizar correctamente, la química del pensamiento. Porque tal vez no todos podremos tremolar con la facilidad, o de la misma manera que lo hacía Simón Bolívar.

Pero Simón Bolívar, lucía aparentemente débil desde el punto de vista físico: su estatura era muy baja, su peso era poco y sus manos muy delicadas. Lo cual quiere decir, tal como lo dijo precisamente el propio Simón Bolívar, con señal resonante: «no comparéis tus fuerzas físicas con las del enemigo, porque no es comparable el espíritu con la materia».

De tal forma, que el accionar del espíritu, no tiene nada que ver con la forma de la materia. Pero la forma de la materia que fue adoptada, o abordada, ya no la podemos cambiar; pero la misma la podemos distorsionar. Y aunque nos guste o no su fisonomía, porque ya está distorsionada desde el punto de vista genético, eso será más difícil de cambiar o corregir. Pero imaginémonos a un Simón Bolívar con un cuerpo gigante montado en un caballo, por lo cual, lo más lógico es que Simón Bolívar naciera con una baja estatura y poco peso, para que pudiera cabalgar, recorriendo esas enormes distancias, batallando y libertando naciones. Y lo realmente gigante, era el espíritu que estaba anclado en el pequeño cuerpo de Simón Bolívar. Aunque muchas veces, lo que está bien, lo logramos distorsionar mediante la acción equivocada del pensamiento.

Y todo esto, que es respecto a la materia, porque aquellas acciones que tienen solamente un talante psicológico, si están deformadas, muchas de ellas se pueden corregir mediante la técnica que nos ofrece la autosugestión. Sin embargo, muchas veces no nos detenemos a pensar, la razón de por qué actuamos de una u otra manera, lo cual nos puede influir, o puede, como producto de nuestras acciones y desempeños, afectar nuestro comportamiento representativo del carácter humano. Y esto puede ser un obstáculo, para poder desenvolvernos en la vida correctamente, o incluso, estas formas de pensamiento que sólo forman parte de la manera expresiva corporal, nos pueden truncar, por ejemplo, un gran éxito. Porque incluso, algunas veces, muchos concluyen, que es preferible morir, antes que enfrentarse a esas realidades. O tal vez uno de los propósitos de nacer como cuerpos, es precisamente corregir estos retrasos, porque los mismos no nos permiten avanzar, incluso en el estado espiritual. Y en el estado corporal, es lo que llamamos fobias, pero estas imágenes, solamente nos están perturbando desde la mente.

Y el origen de estas fobias, también pueden ser implantadas o aprendidas durante la niñez, porque en ese momento, dependemos de lo que nos enseñen nuestros padres. Y para que puedan actuar de alguna u otra forma, estas se grabaron en el hipocampo. Mientras que el sistema amigdalino, se encargará de segregar las sustancias necesarias, para que se manifieste y se adopte esa actitud de alguna manera. Por ejemplo, con las fobias: temblar, palidez, sudar, frialdad, miedo, amargura, cobardía, depresión, apatía, antipatía, inseguridad, torpeza, traición, complejo de superioridad, incapacidad, conformismo, llorar, sufrir, etc. O pueden ser las de carácter eufórico: reír, exaltación, disfrutar, danzar, felicidad, alegrarse, sentirse complacido, valentía, investigar, ser capaces, humildad, firmeza, empatía, fidelidad, entusiasmo, constancia, destreza, enseñar, ayudar a otros, etc. De tal forma, que podemos cambiar de alguna manera, para escoger de la lista, y sustituir las formas negativas por aquellas cualidades que nos sean más útiles para nuestros propósitos evolutivos.

Y de esto es que trata este libro. Porque algunas veces, por medio del pensamiento distorsionado, logramos modificar la forma de la materia, hacia efectos que llamamos enfermedades. Y las modificaciones psicológicas, adoptan las diferentes formas de fobias. Pero ambas cualidades negativas, son solamente el producto de un pensamiento mal dirigido. Ya que por ejemplo, las enfermedades, son situaciones que nos creamos nosotros mismos. Al igual que las fobias; que solamente actúan pero no tienen una razón física real, pues únicamente intervienen, y hacen que adoptemos una determinada actitud. Porque podemos vivir sin el acoso de las enfermedades físicas y psicológicas, si aprendemos como alimentarnos correctamente; tanto desde el punto de vista físico como energético.

Mientras que las fobias las podremos cambiar, porque solamente están grabadas de manera virtual como actos energéticos; es decir, como imágenes. Lo cual es más fácil de solventar, que aquellas enfermedades que afectan la materia del cuerpo. Y al lograr vencer estas cualidades mediante la corrección, la acción del conocimiento y los propósitos que forman parte del pensamiento, podremos tremolar alegres, con el fin de disfrutar de otra manera, esta gran oportunidad de vivir. Pero esa alegría será mayor, cuando entendamos que también existen otros seres energéticos, pero que los llamamos animales, plantas, insectos, peces, gusanos, hormigas, etc. Pero todos ellos, al igual que nosotros, también tienen el mismo derecho a existir, porque son el resultado de la misma energía que emanó desde el vientre creador del Universo.

Y es la forma errada del pensamiento, lo que puede afectar de alguna manera, este proceso integrador del espíritu con la materia que conforma el cuerpo. Y «La Química del Cáncer», la relacionamos como una forma de representar, de qué manera es afectada la materia del cuerpo, por esa mala estrategia del pensamiento. Y respecto a la aparte que corresponde a la energía que conforma el espíritu, la consideramos en «La Química del Espíritu». Y es así, que mediante estos tres libros, queremos abarcar todas las cualidades que constituyen realmente al ser humano como cuerpo y energía. Mientras que el libro «Cómo se Formó el Universo» es un apéndice de «La Química del Espíritu».

Y es mediante la acción del pensamiento, lo que nos puede desviar de nuestros propósitos, en caso de que se nos haga difícil, poder controlar nuestras acciones como espíritus. Pero la corrección del pensamiento, nos puede elevar hacia un proceso de transición, entre lo que pudiésemos llamar un humano animal, hacia un ser consciente, en todo este proceso de aprendizaje continuo y evolutivo. Es decir, para poder pasar de ser un Ser humanoide, y convertirnos verdaderamente en Seres humanos, en la medida que logremos el dominio consciente de nuestros pensamientos. Porque estos pensamientos los podemos reeducar o cambiar, bajo la acción estricta del conocimiento que podamos adquirir desde nosotros mismos, y mediante el proceso de la autosugestión. Y así podemos mejorar, el anclaje de la energía espiritual con la materia que forma el cuerpo.

Y esto lo hacemos mediante un exhaustivo análisis científico, pero no como algo imaginario, metafísico o filosófico. Y tal vez, que con este conocimiento adquirido, usted pueda ser capaz de entender y reforzar estos criterios, en cuanto a su fuente energética, y el origen de los demás seres vivos. Y sumando cada criterio, entre todos podamos contribuir, con el fin de cambiar en colectivo, la manera de actuar de la humanidad. No solamente en contra de sí misma, sino de una manera nefasta hacia los demás seres vivos que viven en la Tierra.

O tal vez, fue eso lo que se quiso decir con la frase: «pastorear las ovejas» pero que luego se entendió como un pastoreo de ovejas reales, y no de seres humanos perdidos o confundidos. Y los reales pastores de las ovejas, las pastorean para luego vivir de ellas, cuando las matan para comérselas; porque pastorear las ovejas reales, se convirtió como si eso fuera realmente un «acto sagrado», pero detrás del cual, se oculta la maldad contra otro ser vivo, que nada tuvo que ver con el ejemplo de la parábola 'pastorear mis ovejas'.

Y tal vez por eso, es que luego dice Ezequiel 34,10. «Yo estoy en contra de mis pastores. Les pediré cuentas de mi rebaño; les quitaré la responsabilidad de apacentar a mis ovejas, y no se apacentarán más a sí mismos. Arrebataré de sus bocas a mis ovejas, para que no les sirvan de alimento»

Total, que surgió una tremenda confusión, de lo que se quiso decir con la expresión pastorear. Porque lo cierto, y tomando el caso de las ovejas como ejemplo, es que la energía que forma el espíritu de las ovejas, es exactamente igual a la energía del espíritu de los pastores. Pero a lo mejor, que el pastor es un poco más astuto que las inocentes ovejas, cuando con artimaña, dicho pastor se encubre detrás de ese concepto, para lograr persuadir y engañar a sus ovejas, con el fin de obtener de ellas algún provecho de carácter personal, o incluso económico.

Pero esperemos que también sea por desconocimiento de la realidad del ser vivo, que tiene que venir desde lo energético, pasar por su experiencia física, y luego continuar nuevamente hacia su mundo energético pero siempre evolutivo. Es como decir como en el caso de Ezequiel, que el pastor se diera cuenta a tiempo, que sus ovejas también tienen el mismo derecho a vivir. Y a partir de ese momento, el pastor, que era inconsciente, ahora se hizo conocedor de la razón y el origen de su existencia. Pero el conocimiento de ello, tal vez que lo comenzará a perturbar psicológicamente, cuando como «pastor» descubra su culpa.

Pero en resumen, que este libro, lo hemos llamado «La Química del Pensamiento», como una necesidad de poder revisar y explicar un poco, cómo es que la acción de la energía que se aglutinó en forma de espíritu, se logra interconectar químicamente con la materia mediante la acción del pensamiento, para que las ideas se manifiesten y tomen alguna forma en el mundo físico. Pero a la vez, para que nos ayude, y logremos corregir a tiempo las acciones equivocadas que puedan surgir del pensamiento, porque quizás, no hemos logrado el conocimiento de cómo es la realidad de nuestro origen energético y nuestro proceso evolutivo. Y trataremos de analizar todo lo relacionado con la química del pensamiento: como por ejemplo, corregir las fobias, interpretar los sueños; o cómo es que por medio de estos sueños oníricos, pareciera que nos moviéramos sobre una cuerda de eventos y que nos llevan hacia un tiempo futuro.

2 APRENDIZAJE ESPIRITUAL

Y cuando ya formamos parte de un cuerpo, conducido por nuestra eterna energía espiritual, es muy acertado pensar, que durante el proceso de interconexión con la materia, no todo puede unirse correctamente, en el momento en que se producen estas asociaciones materia-energía. Porque podemos esperar, que en este sentido, seguirán otros procesos o pasos de integración, algunos de los cuales no dependen, o no son controlados por nuestras decisiones o pensamientos. Así que igualmente, surgirán las distintas imperfecciones, las cuales no permiten que el espíritu se pueda expresar correctamente a través de la materia. Y será realmente, lo que determine la actitud o manera de vivir que le ha tocado a cada quien de manera exclusiva o particular. O por la forma diferente con la que cada uno pueda, a su manera, porque es una decisión propia, o según su antojo, aprender a manipular la materia, con el fin de conducir con su propia habilidad o criterio, su forma de vida particular, o la manera con la que cada quien pueda o decida conducir su energía. Y esa será una decisión exclusiva.

Y en caso que en ese proceso de conducción, esa manera o forma de dirigir la energía nos afecte, ya podemos entender, que solamente se trata de un proceso de adaptación necesario, el cual tiene como último fin, aprender a llevar la forma, o cómo vamos a llevar nuestra propia energía. Actuando o dirigiendo desde nuestra sala de control muy exclusiva y particular, para tomar nuestras propias acciones y decisiones, las cuales residen solamente en nuestro cerebro de manera muy personal, sean estas correctas o no.

Por lo cual, ese aprendizaje continuo, es lo que nos permitirá ganar un determinado grado en la escala de la consciencia, para que una vez que estemos autoconscientes de nuestra existencia y propósitos, cada quien puede redireccionar dicha energía, o reprogramarla. Y es gracias a otra cualidad, como es la memoria, que podemos ir y regresar constantemente, pero tomando en cuenta los aciertos y los errores, para poder afianzar nuestro propio carácter energético. O para no tener que incurrir constantemente en los mismos fracasos. Y los aciertos, solamente los utilizamos para avanzar más confiados hacia adelante. Porque sin la memoria, desde luego que no pudiésemos caminar, para lograr salir de cualquier situación de inconsciencia, que nos esté limitando nuestro progreso. Y por lo general, las formas incómodas que nos pudieran afectar, no es más que eso; es decir, una clase de actitud energética que actúa solapada. Y solamente nos queda, aprender a manipular la porción de energía que nos tocará llevar eternamente en forma de espíritus, aprendiendo y corrigiendo continuamente, para que nuestras acciones se enrumben mediante el pensamiento, por el camino más adecuado y correcto.

Por lo cual, una actitud determinada, o mal dirigida, no es sino, una forma errada con la cual actúa la misma energía. Y tal vez, que cuando éramos niños, todavía esas correcciones no dependían de nosotros, porque todavía a esa edad, no se nos había desarrollado suficientemente la mente analítica, para lo cual es necesario que se fortalezca la glándula del hipocampo. Y, de esta manera, cada error, o los diferentes aciertos durante ese proceso de aprendizaje, quizás nos fueron implantados durante esa etapa vulnerable de nuestra infancia, porque dependíamos de nuestros padres; quienes a lo mejor, quieren proyectar en nosotros lo que ellos no lograron, o aquello que quisieron ser. Porque todo el proceso de la memoria, y por tanto del aprendizaje, dependerá igualmente del desarrollo oportuno de la glándula del hipocampo. Es decir, de la glándula en la cual se desarrolla y se asienta la memoria física. Y esa es la razón, de por qué no podemos recordar por lo menos los primeros cinco años, o ese tiempo previo de nuestra infancia.

Esto, porque como cuerpos, somos organismos conformados químicamente, pero a la vez como individuos conscientes de nuestra existencia, o como espíritus, coexistimos como parte de un cuerpo energético que ha de funcionar como un todo.

O como una unidad que tiene que actuar de manera integrada, para poder sincronizar las acciones, utilizando una serie de sensores hápticos, que es lo que nos permite, realmente, percibir el mundo físico, para, por ejemplo, poder tocar, moldear o sentir una determinada condición de textura o de energía en forma de calor en el mundo tridimensional. Lo cual solamente es posible, si estamos embebidos en un cuerpo físico. Porque como espíritus, no podremos por ejemplo, combinar las diferentes clases de materiales para formar otras, o no podríamos captar, percibir o saber cómo es en realidad la textura de los diferentes objetos. O la intensidad de un dolor. O cómo es que se siente estar alegres, o percibir un estado de tristeza. Y el calor, bueno, esto no nos logrará afectar, así que no necesitaremos un aparato de aire acondicionado para complacernos, o disfrutar el confort energético del espíritu.

Pero como energía anclada en un cuerpo, o en forma de materia, esa es la única manera de poder mezclar otras energías para formar otras, o combinar distintas sustancias; y así sucesivamente. Por ejemplo, podremos preparar diferentes clases de materiales para obtener otros, y eso lo aprenderemos si estudiamos y dominamos correctamente la ciencia de la química. O un músico podrá combinar escribiendo en un pentagrama diferentes tonos u ondas sonoras para arreglar alguna música. Sin embargo, para poder hacer que esas notas sean audibles, o poder escuchar esa melodía que emanó primeramente del pensamiento del compositor, necesitaremos que algún artesano sepa cómo construir un instrumento musical.

O combinando diferentes colores, podremos producir una gran gama de matices que nos impresionen la vista para crear una pintura artística. O también, combinando varios aromas, podremos diseñar una gran cantidad de olores exquisitos para que nos impacten el olfato, etc. Pero todas estas sensaciones, las podremos lograr, solamente como cuerpos dirigidos por el espíritu, pero no como espíritus hechos solamente por energía. Porque el espíritu, solamente puede prestarse mediante la acción de su pensamiento, para dirigir hábilmente todas estas acciones, y percibir las experiencias, utilizando una serie de sensores incrustados en el cuerpo.

De tal manera, que ya podemos asegurar, que como espíritus, las posibilidades de combinatoria y la disponibilidad de energía en el Universo, para poder llevar a cabo todas esas acciones, o para lograr vivir, en realidad son interminables. Así que no habrá tiempo para aburrirse, cuando sabemos, que tenemos que desempeñarnos en ese enorme fulgor creativo. Y que como cuerpos, una buena parte de esa energía, la tendremos que utilizar para nuestro funcionamiento orgánico. Mientras que otra porción será utilizada para el accionar de alguna forma, el carácter mental. Y de todo ese proceso se encargará solamente el espíritu; preferiblemente, cuando este haya alcanzado o desarrollado su propio nivel analítico. Como por ejemplo, para el mejoramiento mediante el aprendizaje de todas las funciones y adaptaciones vitales. Cuyo propósito, al final, o en esta nueva oportunidad en que estamos en el mundo físico, es convertirnos en individuos cada vez más capaces, pero a la vez, saber cómo hacer para adaptarnos orgánicamente. Pues estaremos sometidos a un cambio de configuración constante, como esa forma de materia que ha adquirido el cuerpo, junto con los aciertos y los errores en esas diferentes interconexiones. Es decir, de la manera, o cómo aprendamos a conducir nuestra propia energía, será lo que nos permita manipular correcta o erróneamente, para poder convertirnos, o bien en seres útiles y creativos, o tal vez en individuos destructivos y enfermizos, tanto física, como psicológicamente. Porque cada quien estará actuando desde su propia perspectiva y desde su propio mundo.

Y algunos logran complacerse, por ejemplo mediante las guerras, porque no están conscientes, y eso no les permite valorar la vida de otros. Mientras que a otros, como por decir, Mozart, Mahatma Gandhi, Simón Bolívar o Albert Einstein, se deleitaban más con el desarrollo de sus capacidades analíticas y creadoras. Si es que podemos tomar a Mozart como uno de los mayores exponentes del arte musical, a Bolívar y Gandhi por sus destrezas políticas para la libertad, y Albert Einstein por su incansable vocación científica. Pero indudablemente que podremos nombrar a muchos más, como Beethoven, Copérnico, Galileo Galilei, Isaac Newton y Stephen Hawking, quienes mediante la química de sus pensamientos, lograron cambiar el rumbo torcido de la humanidad, utilizando la lógica con sus brillantes mentes analíticas, tratando de conocer para poner en orden las cosas.

Sin embargo, algunos de estos asuntos relacionados con la conducción de la energía, se pueden convertir en impulsos difíciles de detener, aunque estemos conformes o no con ellos. Así que lo ya logrado, o lo que nos tocó conducir, ya no lo podremos cambiar físicamente, pero esto no debería afectar o influir en nuestro progreso espiritual, porque el impulso ya está dado. Sería como lanzar un martillazo, pero una vez que la acción del golpe está en desarrollo, ya no podremos detenerla, es decir, ya no podemos recoger el accionar del martillazo.

Por lo cual, la otra premisa, es que en el Universo lo único que se produce es energía. Y que el accionar de esa energía, ya ha tomado su propio impulso, y no se va a detener a esperar por la corrección de nuestros retrasos, o por el refuerzo de nuestras buenas acciones. Y solamente nos quedará ir tremolando, o cabalgando, adaptándonos correctamente a esa acción que le va dando impulso al crecimiento acelerado del Universo. Porque a partir de la energía, es que se formó la materia. Y lo más cierto, es que el desarrollo del Universo siempre irá por el camino correcto. Así que no hay nada de qué preocuparse, porque como seres hechos por una energía, que además es eterna, ya nos quedará suficiente tiempo como para corregir nuestros errores. Lo cual lograremos, solamente cuando transitemos desde la forma espiritual a la física y viceversa. Hasta que el apego a las cosas materiales se disipe de nuestra mente, y nos elevemos en vuelo victorioso hacia la gran cima del conocimiento.

Pero en cuanto al proceso psicológico, o para aprender a modelar la energía de nuestras actitudes mediante el pensamiento, que es lo que en este libro nos ocupa, una de las formas para poder al menos pausar ese desenfreno energético inherente, o lo que significa el accionar del pensamiento, y la única forma de lograrlo, sería: primero, estar verdaderamente conscientes del propósito de nuestra existencia; de nuestro origen como energía, el significado de nuestras intenciones y el fin de nuestros objetivos, para luego, poder someter voluntariamente nuestra parte orgánica. Es decir, nuestro cuerpo, a un reposo o quietud necesario, lo cual se logrará únicamente mediante una relajación consciente. Esto, con el fin de aminorar la actividad mental, para, precisamente, hacer que a la energía vital se le facilite el accionar del ser energético. O para lograr que la energía sea más aprovechable; y, de esta forma, lograremos o aprenderemos a dirigir mentalmente todo nuestro potencial creador, hacia aquellos objetivos más concretos.

O hacia aquellos actos relacionados con el enriquecimiento espiritual, y la modelación de nuestra personalidad, responsabilidad y conducta moral, lo cual es necesario, para poder mostrarlas ante la sociedad, de la cual formamos parte de manera ineludible.

Y es la única forma que tenemos para facilitar la acción, o que esa energía sea mejor dirigida o programada, lo va a determinar nuestra forma de ser o la que queremos ser en nuestro mundo tridimensional, el cual a su vez, también está cambiando constantemente. Pero si no lo hacemos o no lo logramos, bien sea de manera natural o aprendida, esa aptitud negativa, nos puede llevar, incluso hacia una gran confusión, y hacia ciertos contratiempos corporales. Tales como una determinada enfermedad de carácter emocional, o, a una discapacidad mental. Y nada de esto, nos permitirá aprovechar o utilizar íntegramente toda nuestra energía asignada a la parte orgánica o la energía de aliento disponible, en cuanto a aquella porción energética mental que nos ha tocado dirigir como el espíritu que maniobra desde un cuerpo.

De tal forma, que para erradicar las emociones negativas, o con el fin de mantener correctamente la acción, y mostrar la cordialidad que deseamos para nuestro cuerpo físico, la quietud deliberada o la serenidad, son un asunto necesario, para que nos pueda ayudar a cumplir nuestra misión como Seres vivos. Porque los propósitos y sus metas, pareciera que ya fueron muy bien trazados antes de entrar en el escenario del gran teatro de la vida, tal como lo hemos analizado en el caso de los niños genios.

Así que la relajación sistemática y la autosugestión, son desde luego, los mejores recursos de los que disponemos, para lograr que en esta nueva ocasión que nos ha tocado vivir, podamos reprogramar o redirigir efectivamente esa energía, o saberla manejar en el accionar de manera exclusiva desde nuestro propio mundo físico.

Por ejemplo, cuando el organismo se enferma por alguna razón, o por la forma errada de alimentarnos utilizando las células y proteínas de otro ser vivo; como en el ejemplo de las ovejas. Y con este ejemplo de las ovejas queremos referirnos a todos los animales que hemos convertido en alimento, porque ese contratiempo provocado o inducido por nuestra propia cuenta, logrará perturbar directa o indirectamente nuestro comportamiento físico y psíquico. Tanto por el efecto químico inevitable debido a la clase de sustancia consumida, pero también, por la consciencia, cuando ese despertar oportuno, nos haga caer en cuenta, que esa clase de material con el cual nos hemos estado alimentando, provino del sacrificio de la vida de otro ser; y cuya energía vital, era exactamente igual a la nuestra. Porque también resulta, que absolutamente, todos los espíritus estamos hechos por la misma clase de energía de los *almatrinos,* que se integraron mediante aquellas enormes fuerzas aglutinadoras, como son los *urdires.* Es decir, todos. Porque no importa que sean estos animales, una aparente simple espora, un insectos o una planta, todos, absolutamente, estamos formados por *almatrinos.* Pero la mayoría de los seres humanos se consideran a sí mismos, como si ellos fueran pertenecientes a una clase única, o hechos por un género de energía diferente, o incluso privilegiada.

Pero la actitud consciente que se torna al conocer las causas de los retrasos y el proceso de vivir, o aquellas que originaron esas anomalías indeseables, será la herramienta más efectiva para encontrar de nuevo el balance; el cual, de alguna forma habíamos perdido por causa de una mala costumbre aprendida, o porque como se dijo, una buena parte de este proceso, no estaba bajo control durante nuestra niñez. O porque tales decisiones no dependían de nosotros; o, siempre y cuando, nos hagamos conscientes a tiempo, u oportunamente, de que dicha actitud errada de alimentarse no era necesaria, puesto que existen otras formas de obtener cualquier cantidad de energía vital desde otras y diversas fuentes, para poder subsistir energéticamente. O que tal disposición, también puede ser corregida o reprogramada, en cada nueva oportunidad que se nos presente.

Porque el abatimiento extremo, como el hecho de desplomarse anímicamente ante un sentimiento innecesario, o rendirse ante la imposibilidad de superar un conflicto emocional, una depresión inútil o un desgano mental, nos puede llevar, incluso hacia una discapacidad psicológica, la cual algunas veces, o estas contrariedades pueden ser de carácter irreversible. Y de esta forma, habremos desperdiciado por nuestra propia cuenta, otra gran oportunidad de poder crecer espiritualmente como individuos. Porque lo más importante y real, es que el Universo espera de nosotros lo mejor. Así que cada obstáculo vencido, hará que la victoria sobre un determinado contratiempo sea un acontecimiento más placentero.

Y mientras tanto, si estamos conscientes y bien o más preparados, o siempre que tengamos la fuerza energética guiada por la actitud psicológica consciente, viva y optimista, podremos corregir, inclusive, aquellas partes del organismo que estén enfermas o en disfunción, cuando enfoquemos hacia ellas toda nuestra capacidad de atención. O visualizando la imagen correcta o deseada, con el fin de poder sustituir el perfil erróneo, por aquello que queremos ser o hacer. Porque la acción de querer ser, y la manipulación de nuestra mente y nuestro cuerpo, dependen únicamente de nosotros, porque somos la energía que debe dirigir todas esas acciones y sus acontecimientos.

Y todo cuanto deseamos o queremos, lo podemos lograr por cuenta propia, cuando entendamos que somos Seres únicos y creadores de nuestras virtudes; pero también de nuestros errores. Aunque muchas veces recurrimos innecesariamente a otra persona calificada como experta; o incluso a una confesión ante algún sacerdote de alguna iglesia, sin evaluar previamente, que en esta ocasión, dicha emoción inaudita la podemos reparar por cuenta propia. Y lo más elemental, es que si nos alimentamos y actuamos correctamente; y practicamos la buena conducta moral, o cuando sepamos cómo son esas interconexiones cuerpo-espíritu, muy pronto todo el organismo dispondrá de una cantidad mayor de energía inteligente y necesaria, para readaptarse. Y el cuerpo mismo, o por sí solo, podrá funcionar adecuadamente, con el fin de sumergirse en este mundo real y a la vez inmaterial de manera exhaustiva.

Y al llegar ese momento, sentiremos una inmensa alegría, al saber que todos los seres vivos, pero no exclusivamente los humanos, formamos parte de este inmenso Universo. Aunque esta satisfacción pudiera ser aún más grande, si estamos saludables física y emocionalmente. Porque si vivimos sanos, nos podremos dedicar a otras actividades y objetivos de carácter mental más específicos, o los que nos atañen como seres vivos, y de acuerdo a lo que emana desde nuestra memoria espiritual o energética. O para no tener que mostrar a otros un rostro endurecido, o no echarle la culpa a la vida por los errores que realmente hemos causado, construido o provocado por nuestra propia cuenta.

Porque si toleramos que reine la armonía mediante el alimento y la forma de apaciguarnos, con el único fin de focalizar nuestra energía vital, desde luego que lograremos corregir, definitivamente, o al menos disminuir esos retrasos. Reestableciendo el estado de salud hacia uno más favorable, o para no tener que formar parte de una sociedad mentalmente mutilada. Ya que al final, toda esa esclavitud mental que nos trata de dominar, reside en nosotros. Por lo cual, de nuestras próximas acciones, dependerá, si queremos seguir atados a los problemas emocionales; o si por el contrario, podemos liberarnos de ellos, para que nuestra vida sea la más acorde para el buen comportamiento del ser humano como un individuo inteligente, el cual tendrá necesariamente que integrar un conglomerado familiar y social más avanzado. Porque así lo está exigiendo el Universo que se está formando constantemente. Y quienes se queden negligentes en este asunto de vivir, serán simplemente descartados, o se quedarán apilados en el tumulto de los débiles, o de los incapaces, porque ellos no tuvieron la valentía suficiente para corregir y dominar los obstáculos que se asentaron solamente en sus pensamientos.

De tal forma, que es posible aprovechar la autosugestión, para borrar esa enorme cantidad de ideas negativas, con el fin de cambiarlas por aquellas deseables o positivas. Y para ello, existen momentos apropiados, en los cuales la sugestión es implantada más fácilmente: como por ejemplo, en las llamadas «ausencias de sí mismo» o lo que pudiésemos llamar, un estado de sueño consciente. Porque en ese estado de quietud, si por casualidad no sabemos cómo dirigir nuestra energía creadora, o si no estamos alertas o prevenidos, estos pensamientos surgidos, pueden pasar inadvertidos; y así tomarán forma, y se manifestarán como ideas negativas, tales como una enfermedad, las diferentes fobias, tragedias, aberraciones, miedo a la muerte, etc. Y las mismas, pueden quedar grabadas para siempre, si consentimos que ellas se fijen para actuar como autosugestiones contrapuestas. O capaces de inducir a una acción incómoda, o incluso destructiva, lo cual no nos permitirá desenvolvernos adecuadamente como los dignos representantes ante una sociedad que debemos pastorear, pero en este caso no se trata solamente de ovejas, sino de todas las castas.

Porque si no somos capaces de despertar mentalmente, viviremos sólo inconscientemente, o solamente podremos decir que la vida es como un sueño, en el cual vivimos sometidos a una autosugestión constante. Y solamente cambiaremos, cuando seamos capaces de despertar de ese sueño, hacia una forma de vivir real, para que nos elevemos, junto con en conocimiento, hacia la existencia como seres energéticos eternos. Y lo contrario, es como vivir eternamente en un punto muerto y sin ninguna dimensión.

Quiere decir, que mediante la química del pensamiento conscientemente dirigido, podremos suplantar aquellas imágenes negativas que nos afecten, con el fin de obligar al cuerpo físico, para hacer que este modifique su conducta indeseable. Es decir, despertar; o incluso obligarlo a sanar, porque los cambios se producirán al unísono de nuestros deseos y expectativas inherentes o autodirigidas; y lo mejor, es que muchas veces, esto se logra desde nuestra propia intimidad.

Porque si sabemos que somos los únicos responsables por nuestras acciones, desde luego, que será totalmente imposible delegarle a otros nuestras cargas. Ya que también existe un sesgo cognitivo, en quienes hábilmente tratan de copiar de otros las buenas o las mejores actitudes, pero que no las adaptan a su propia experiencia, pues solamente tratan de mostrarse a sí mismos como unos seres excepcionales.

A esa clase de individuos, los hemos llamado «expensalistas» para tratar de ilustrar con el ejemplo, a aquella clase de personas que tienen esa habilidad de actuar a expensas de otros. Pues tal vez, ellos todavía no han aprendido a utilizar todo el potencial con su propio poder creativo. Un poder que subyace ineludiblemente en todos, y en cada individuo de un modo muy particular. Pero que de alguna manera, algunos no saben cómo rescatarlo de sus mentes, para poder utilizarlo en el bienestar físico de su propia vida. Por lo cual, viven como aletargados, o sin saber ni siquiera que existen como seres espirituales embebidos en un cuerpo. Y solamente caminan hacia adelante, sin mirar hacia los lados; o tal vez, sin lograr visualizar, saber o pensar, o quizás sin ningún objetivo; o incluso, sin algún rumbo previo o sin ningún plan de vida, porque no lo han logrado saber cómo trazarlo estratégicamente.

3 LA QUÍMICA Y EL PLAN DE VIVIR

Pareciera que hay una desconexión, entre lo que queremos expresar en este libro como «La Química del Pensamiento» y los demás que hemos englobado con el nombre de la química de las enfermedades; y, particularmente «La Química del Cáncer», y luego con «La Química del Espíritu». Pero esto es una realidad ineludible, porque es la química, lo que nos va a permitir el accionar en el mundo físico, o lo que queremos expresar como espíritus desde el pensamiento.

Porque si queremos agarrar entre nuestras manos una taza para sorber un poco de café, esa acción no la lograremos solamente como espíritus, y sería algo similar a sumergir un cedazo en un estanque de agua. Nuestras «manos energéticas» se deslizarían por la taza, parecido a cuando hundimos un cuchillo caliente en un tarro lleno de mantequilla. Y para nosotros como energía, la taza sería transparente pero no necesariamente por la clase de material, si no que no vamos a poder ni siquiera tocarla para captar o sentir la sensación de la forma y su textura. O la temperatura de la taza y la bebida. Así que necesitamos estar en un cuerpo físico, para poder accionar nuestras manos, y poder agarrar y percibir la taza. Y será la única forma de poder disfrutar con ella las sensaciones y las formas del mundo físico; o el sabor, o lo que nos permite identificar cómo es café. Porque la taza y la bebida, son igualmente energía, pero es una energía se quedó atrapada por fuerzas que actúan para formar o aglutinar la materia en forma de electrones, protones y moléculas, y con estos formar todo eso que llamamos el mundo físico y sensorial que podamos percibir en una taza de café.

O tal vez, que la manera más expresiva de la química del pensamiento, lo representa, tal como mencionamos, los niños violinistas Chole Chua y Christian Lí, quienes pueden expresar magistralmente la acción, la cual les permite extraer desde sus instrumentos, la música que previamente se configuró, pero luego emanó desde sus pensamientos, con la que cada uno la pueda interpretar con su estilo individual.

Y en cuanto a las enfermedades que le ocurren a nuestro cuerpo físico, y que nos obstaculizan ese accionar energético, podemos decir a manera de resumen, que una de las causas de los problemas de salud que posteriormente se presenten, se deben, a que cuando éramos apenas los espectadores para contemplar la hazaña que lograría al menos uno, entre los millones de espermatozoides, impulsados por un deseo de alcanzar un óvulo, ya estas células espermatozoo creadoras de vida, y animadas por los *almatrinos* y *urdires*, disponían de una manera muy particular para producir la energía. Lo cual era lo que les asistía para poder impulsarse. Ya que de esa agilidad para que este espermatozoide lograra su éxito, dependía también la oportunidad, para que luego nosotros, realizáramos el anclaje o abordaje, y así tener la oportunidad de vivir. Es decir, de asumir el control de ese cuerpo físico que comenzó a formarse. O encarnar como seres consientes, para poder desafiar todos los retos que nos imponga la vida física, y que nos empujaría hacia los nuevos acontecimientos, o hacia todos aquellos eventos desconocidos; por lo cual, se hace necesario conocer de alguna forma, cómo planificarlos.

Pero ya cuando aparecieron los primeros vasos sanguíneos en nuestro nuevo y muy tenue cuerpo, la forma de producir energía también cambiaría hacia una manera más eficiente que la anaeróbica, y con este nuevo proceso, la forma de alimentarnos tendría que cambiar igualmente, o regirse según las nuevas rutas bioquímicas, o las más acordes para el buen funcionamiento de nuestras células. Las cuales se van formando apenas como simples embriones. Pero esa nueva forma de alimentarse todavía no dependía de nosotros, sino de las costumbres de nuestra madre, quien solamente se prestó para que ocurriera nuestro nacimiento.

De tal manera, que cuando nos hacemos dueños y conductores de ese conglomerado de células, uno de nuestros errores, es continuar la forma de alimentarnos que nos enseñó nuestra madre, o que intentemos cambiar esa forma original de alimentar nuestras células, cuyo proceso, tiene que ser el acorde con los de un ser humano, pero no el proceso de otros ser vivo. Porque cada uno tiene un proceso digestivo muy distinto; y la forma de alimentarse, también tiene que ser diferente. Y desde allí, o por ese desvío, comenzarán a generarse las enfermedades, que en ciertos casos, pueden hacer que se tuerza el rumbo previsto o trazado. Porque también, esas actitudes, lograrán perturbar nuestros propósitos ya programados, o aquellos que teníamos preparados antes de formar parte de un cuerpo físico, pero consciente que teníamos que hacer o pasar por esa travesía como espermatozoides y luego como embriones.

Decimos cuerpo físico, pero se supone que somos desde antes un cuerpo energético. Porque lo realmente cierto, es que existen evidencias suficientes, de que llegamos a la existencia o vida física, con ciertos planes y propósitos previamente establecidos. Tal como lo demuestra el nacimiento de aquellos niños genios, o como los casos que hemos mencionado en cuanto al consumo de carne, del niño brasileño Luiz Antonio. En la ciencia, el caso del niño matemático Johann Carl Friedrich Gauss. Y solamente tomamos estos ejemplos, porque Luiz Antonio solamente tenía tres años cuando expone sus razones de por qué no se debe comer carne. Pero a diferencia del niño Mozart, quien nació en el seno de una familia de músicos, el bebé Gauss aparece en la oquedad de un hogar de campesinos. Y aparentemente, él solo o por su propia cuenta, es quien logra desarrollar toda su genialidad en las matemáticas Porque aun siendo un niño, descubre las progresiones aritméticas, ya que su maestro como un castigo, le imponía tareas difícil de resolver. Los casos serían innumerables, pero que sirvan estos ejemplos como ejemplo, ya que existen muchos niños con habilidades asombrosas. Y nos referimos a los niños, porque como mencionamos, ellos todavía no tienen la edad suficiente, como para pensar o deducir que tales habilidades o destrezas, fue el resultado de un aprendizaje forjado. O no pudiéremos decir simplemente, que se trata de niños prodigios, porque de alguna tuvieron que venir con esa habilidad; porque si no fuera así, todos los niños sabrían cómo tocar un instrumento musical, o todos fueran matemáticos.

Así que a lo mejor, tuvimos que haber escogido previamente o antes de nacer a nuestros padres; el sitio y el momento preciso, con el fin de poder cumplir un determinado desafío. O demostrar de lo que somos capaces. O como quiera que sea, eso demuestra que la vida que somos como energía, no parte del espermatozoide por sí solo, sino de una energía real que ya existía. Y esta energía, solamente se incorporó a la materia, cuando el óvulo albergó al espermatozoide para formar el nuevo cuerpo físico, o para que lo pudiera utilizar el verdadero ser energético.

Pero hablando más químicamente, a lo largo de la cola o axón de la célula espermatozoide, existen unos orgánulos llamados *mitocondrias*, quienes producen la energía para poder impulsarse sin la necesidad de oxígeno. Es decir, anaeróbicamente. Porque eso es lo más lógico, ya que como espermatozoides, todavía no disponíamos de vasos sanguíneos, los cuales nos pudieran ayudar como vehículo, para poder transportar el oxígeno a través de la sangre para abastecer las *mitocondrias*. De tal manera que las *mitocondrias* produjeran la energía aeróbicamente; es decir, mediante la combustión del oxígeno con *glucosa*. Así que los espermatozoides vienen inmergidos dentro de una sustancia rica en otra clase de azúcar llamada *fructosa*, y la energía será producida en el espermatozoide mediante un proceso llamado fructólisis. Pero una vez que se va creando la red de vasos sanguíneos en el embrión, nuestras *mitocondrias* pasaron a producir la energía de una manera más eficiente, como es la combustión de la *glucosa* con el oxígeno, porque además, esta es el azúcar que nos suministra nuestra madre durante los nueve meses que dure la gesta en el vientre. Mientras que en el proceso de formación del embrión, surgiría una nueva glándula, quien asumirá la función de producir ácidos grasos a partir de *fructosa*. Y a esa nueva glándula formada, es la que llamamos hígado.

Luego al nacer, aparentemente se interrumpió el vínculo de alimentación a través de nuestra madre, cuando se cortó el cordón umbilical. Pero previendo esto, la naturaleza le colocó a la madre otra clase de azúcar en la leche, llamada *lactosa*. Pero además, como bebés la naturaleza nos puso en el intestino delgado, una enzima llamada *lactasa*, para que esta azúcar nos ayudara a obtener: de la *lactosa*, la *glucosa* que es necesaria para la respiración celular en las *mitocondrias*, y la *galactosa* que es primordial para el desarrollo del tejido cerebral. Y todo esto sucedió correctamente, hasta que pudimos consumir por nuestra propia cuenta, el azúcar *glucosa* desde algún cereal. Y la *fructosa* desde las frutas.

Y esta es la forma original de alimentarnos. Pero una vez que nacemos, si alguien no nos orienta adecuadamente en cuanto a la manera, o esa forma original de sustentar a nuestras células, por lo general, la falta de oxígeno, hará que nuestras *mitocondrias* produzcan la energía de la forma que ya ellas saben, es decir, sin oxígeno. Pero esto se logrará mediante el rompimiento, ya no de la *fructosa* sino de la *glucosa*, en un proceso que ahora lo llamamos glucólisis, porque en las células musculares ya no hay *fructosa* para la fructólisis. Y este proceso de la glucólisis, o fermentación de la *glucosa*, generará *ácido láctico* en el interior de nuestras células musculares. Y las consecuencias, serán las enfermedades orgánicas, tales como el cáncer, o incluso la falta de oxígeno, hace que las neuronas mueran poco a poco, a medida que transcurre la edad, como en el caso del mal de Alzheimer. Y estas son enfermedades generadas, por una mala estrategia de actuar solamente de nuestros errados pensamientos.

Es lo que nos permite aseverar, que dada su propia química celular o genuina, los seres humanos desde antes de nacer, su doctrina alimenticia tenía que ser necesariamente el vegetarianismo, si lo que quiere luego del nacimiento, es evitar la llegada de las enfermedades orgánicas. Así que sería bastante difícil, que el ser humano pueda adaptarse al consumo de la carne de otro animal, quienes como dijo Luiz Antonio, ellos tienen el mismo derecho a vivir y ser felices, y más bien tenemos que cuidarlos. Porque al final, la Tierra y el Universo, le pertenece a todos los seres vivos por igual, o porque existimos gracias a la energía que se va generando en el Universo.

Y este proceso de gestación y nacimiento, es precisamente lo que no depende de nosotros, sino de nuestros progenitores. Incluso el proceso de aprendizaje, y nuestra educación o forma de actuar, dependen en buena medida de nuestros padres, lo cual nos puede conducir hacia los mismos errores de ellos, hasta que nosotros, mediante la intuición y el análisis de un criterio propio, logremos esclarecer, cómo es realmente ese proceso de vivir, para enderezar, tal vez a tiempo un rumbo de vida equivocado.

Porque un error que se comete comúnmente en este sentido, es afirmar que los seres humanos, necesitamos proteínas en nuestra dieta. Y lo más absurdo de esta aseveración, es que gran parte de esa proteína tiene que ser necesariamente de origen animal. Lo cual queda marcado, por un desconocimiento total del proceso y propósito de la alimentación. Pues lo único cierto, es que los seres humanos, o ningún ser vivo necesita proteínas para alimentarse, sino los aminoácidos en forma libre, para que cada quien construya aquellas proteínas que les son cónsonas.

Desde luego que estos aminoácidos, pueden provenir de las proteínas, pero no necesariamente que estas proteínas tienen que ser de origen animal. Porque vengan de donde vengan, al ser consumidas, cualquier proteína será desglosada por el sistema enzimático del estómago, que también cambió de, en vez de desglosar *glucosa*, ahora procesa proteínas en el momento de ocurrir el destete. Porque se supone que los aminoácidos venían junto con la leche de nuestra madre, pero estos no eran en forma de proteína, porque al consumir las proteínas estas se disgregaron en el estómago de nuestra madre, y los aminoácido se incorporaron desde la sangre de nuestra madre a los ductos de su leche pero no directamente desde nuestro estómago.

Pero un caso interesante, es que una vez que nacemos, a nuestra madre no le repugna el olor de nuestras heces, porque ya ella está acostumbrada a procesar nuestras fecales en su cuerpo. Y una vez que hemos consumido los diferentes aminoácidos, estos pasarán hacia nuestro torrente sanguíneo, y desde allí hacia las células, donde a cada ARN de transferencia irá asociado un aminoácido, y los ARN mensajeros, llevarán la información, para que los *ribosomas* puedan insertar, cada aminoácido que lleva el ARN de trasferencia, en el orden correcto, o el que corresponda para cada sistema celular de un modo muy específico, propio y particular, pero que el nuestro será realmente nuestro.

Y para no tener que seguir hurgando en el proceso, resumamos, que esto le sucederá a todos los mamíferos, o sea a quienes se alimentan con la leche de una madre, pero en cuanto a los humanos, estas proteínas formadas conformarán humanos, y eso no tiene nada que ver con el origen de los aminoácidos, en cuanto al tamaño o la clase de proteína ingerida. Así, que los aminoácidos necesarios, pueden provenir de un par de proteínas cortas, las cuales una vez digeridas, ya no se podrán reconstruir para saber su origen. Y lo más inexplicable de esa actitud aprendida, es no saber que la mayor parte de esas proteínas pueden provenir del reino vegetal, y no necesariamente como producto del sacrificio de otro ser vivo, quien solamente tuvo la osadía de procurarse su propia ración de aminoácidos con su forma genuina de alimentarse. Pero luego los «pastores expensalistas» nos valemos de ellos utilizando sus cuerpos como «alimento».

Como dijimos, cada ARN de transferencia trae asociado un único aminoácido, pero no un trozo de proteína. Y en cuanto a los humanos, en cada célula tienen que estar disponibles, por lo menos, los veinte aminoácidos necesarios para que cada ser, construya sus propias proteínas. El gasto diario de estas, y por tanto de los aminoácidos por parte de los *ribosomas*, es lo que nos induce a la necesidad de procurarlos diariamente en la comida. Pero no necesariamente, que estos aminoácidos tengan que provenir de las proteínas completas de un animal, sino de varias proteínas incompletas o trozos de proteínas desde diferentes fuentes de origen vegetal. Es como armar una tela pero uniendo muchos retazos.

De tal forma, que ya tenemos una idea, de cómo se puede originar el malestar físico que nos puede obstaculizar nuestros propósitos como espíritus, pues lo ideal no es vivir ante la angustia o el acoso de las enfermedades, ya que nuestro propósito a partir de ahora, es buscar el origen de aquellas afectaciones de origen energético, o las que pudieran estar grabadas de manera química en nuestro cerebro, las cuales no nos permiten el correcto accionar de manera psicológica.

Pero igualmente vamos a observar, que al no encontrar una manera de explicar esos fenómenos, recurriremos al auxilio filosófico, o la capacidad analítica que tiene el ser humano para desenredar, mediante la lógica, lo inexplicable. Es como caer por la profundidad de un inmenso laberinto, pero que logramos asirnos para comprender la estructura de esa profundidad desconocida. Así por ejemplo muchas veces recurrimos al llamado destino, o lo que engloba mejor el término determinismo, como una forma de utilizar una idea; como tratando de eludir la responsabilidad que se debe asumir, por el mal direccionamiento de la vida como Seres humanos. Incluso, le achacamos a otros y a otras causas, el origen de las enfermedades. El determinismo es diferente al azar o al indeterminismo que puede estar presente en cualquier evento o circunstancia, o porque es el resultado de la confluencia de diversos factores, no dependen o se escapan de nuestro control. Mientras que cuando ya somos adultos, el acto de comer o alimentarse, pasa a ser una acción totalmente consciente y voluntaria, o cuando ya disponemos de una mente analítica que nos enrumba con nuestras propias decisiones y criterios.

Es por eso, que decimos, que las enfermedades orgánicas no son obras del azar, sino que las mismas fueron provocadas por nuestra propia cuenta, desde el momento en que comenzamos a alimentarnos, dirigidos más bien por las costumbres arraigadas en la mente de nuestros padres. Aunque ya sabemos, que nacen niños, que aparte de los genios, están conscientes de la forma correcta de alimentarse, como es el caso de Luiz Antonio, y es lo que nos hace presumir una vez más, que nuestros propósitos en la vida ya fueron cuidadosamente planificados.

Y tal vez, que la desviación hacia tal o cual comportamiento, se produce, en el momento en que somos separados de las actitudes asumidas o aprendidas en vidas pasadas; y que las mismas, están muy bien resguardadas en nuestros registros *akáshicos*. Porque si decimos que venimos desde algún lugar del Universo, el cual de paso no lo recordamos, porque al llegar a la Tierra como bebés, todavía no disponemos de un sistema adecuado, para que la memoria energética pueda almacenar la información en la memoria física. Ya que el hipocampo todavía en el vientre y en los primeros años, no se ha desarrollado suficientemente. Y es allí donde va a residir la memoria física.

Es por eso que la mayoría de nosotros, no recordamos cómo era nuestra vida cuando éramos unos bebés. Por lo menos en los primeros cinco o seis años, donde solamente actúa la memoria energética. Ya que los niños Luiz Antonio y Mozart, tenían sus vivencias a los tres años. Pero lo que no sabremos, es si Mozart y Luiz Antonio, recordarían sus vivencia de cuando bebés, pero cuando sean adultos. Porque la mayoría de los niños, tampoco recuerdan en la adultez las anécdotas de sus primeros años.

Digamos más allá, o de un lugar que no todos recordamos, pues también debe ser cierto, que en algún punto del Universo, tiene que estar nuestro lugar de origen o nuestra verdadera morada. También todo el conocimiento asociado y necesario, para nuestros propósitos y progreso espiritual, tiene que haber llegado con nosotros, porque es una parte inherente e inseparable, tal como es realmente la memoria del espíritu. Porque el nuevo hipocampo donde se van a almacenar las nuevas experiencias, lógicamente tiene que estar vacío, pero muchas veces, mientras se va consolidando el nuevo hipocampo, se logran introducir elementos desde la memoria permanente del espíritu. Y esto explica, por qué cuando niños, podemos recordar algunos eventos que nos han sucedido en nuestras vidas pasadas.

O las ideas por el deseo de nuestros padres, de querer o pretender que nosotros seamos lo que ellos no pudieron ser. Es decir, nos quieren convertir obligatoriamente en prodigios. Y esto, puede saturar prematuramente nuestro todavía tenue hipocampo, el cual tiene que irse llenando con la nueva información. Pero si este proceso no se hace paulatinamente y con suficiente lógica, se puede provocar una hiperideación. Y con ello, una extravagancia filosófica y maniática, de querer darle una explicación incongruente a todo cuanto nos inquieta. Y decía el niño Adolf Windaus: «yo solamente quiero jugar como lo hacen los demás niños».

Pero digamos que algunas veces para justificar cualquier conducta, recurrimos al término destino, sin considerar el azar, o que lo que nos sucede realmente, es más bien el resultado de nuestra acción, aun cuando no sepamos la causa final o el para qué de la propia conducta. De tal manera, que la palabra destino, se utiliza como una forma de dar una explicación a ciegas, de que en secreto, pretendemos colocar en manos de otros, la solución de nuestros problemas, que también pueden ser de origen psicológico, pero sin saber, que los mismos los podemos revertir mentalmente por nuestra propia cuenta, para el bien proceder o la acción correcta de nuestra forma de vida.

Y en el aspecto psicológico, se nos ha hecho ver la vida desde otra perspectiva. Pero más adelante, afirmamos que el tiempo y las matemáticas no existen. Porque si hubiese habido otra manera de darle una interpretación o explicación a las cosas, la física cuántica o la relatividad, tal como la conocemos, tendrían otro sentido. Ya que lo que pretenden la gran mayoría de los científicos, es llevar las explicaciones de todos los fenómenos que nos inquietan, a un modelo matemático; pero también, al concepto del tiempo. Y si con esto no lo logran, pareciera que el fenómeno real no existe. Y lo que queremos decir, tal como se lo planteara el profesor Roger Penrose a Stephen Hawking, es que no todo puede ser matemático o atribuible al tiempo, porque el mundo en que vivimos es real, y que toda la materia está formada por partículas microscópicas que incluyen a las partículas elementales. Y dentro de este grupo están las que hemos identificado como las más elementales entre las elementales; es decir, los *almatrinos*.

Y en cuanto al tiempo, algunos científicos pretenden decir, que si pusiéramos el Universo en reversa, nos vamos a encontrar con nuestros primeros abuelos, o con los primeros mundos. Pues lo cierto, es que aquí decimos, que lo sucedido ya ocurrió. Y sería imposible poner en reversa el Universo, para que el mismo evento se repita, porque el Universo marchará siempre y de una manera real hacia adelante, y será imposible recogerlo. Incluso, lo que hacemos como espíritus, o lo que pronunciamos, se emite, tal como dijimos en forma de palabras, y estas acciones no permanecerán en el tiempo sino que se disipan. Y sería completamente inútil, irnos con un aparato de radio 10 años antes para escuchar una alocución que no ha sido transmitida, o 10 años después, para escuchar un programa radial que ya sucedió. Tampoco los espíritus emiten ondas electromagnéticas, sino luz, la cual se puede transformar realmente en sonido. O si le quitáramos el nombre a los días y los meses, y botáramos los relojes y los calendarios, nos daremos cuenta, que el tiempo futuro, presente o pasado no existen, sino que como espíritus, vivimos realmente en un eterno momento pero no en un tiempo cambiante.

Pero tal vez, que la parte más importante de la química del pensamiento, es, que para hacer una conjetura analítica o lógica sin caer en la extravagancia filosófica, muchas veces hay que utilizar la mente profunda, con el fin de intentar encajar cada cosa en su verdadero orden. Y otro ejemplo, es el que nos da el descubridor de los quarks, el físico estadounidense Murray Gell-Mann, quien decía: «si no somos capaces de hacer predicciones sobre el comportamiento de un núcleo atómico, imagínese cuánto más sería explicase el comportamiento fundamentalmente impredecible en todo el Universo. [...] y más allá de estos simples principios, presumiblemente, cualquier historia alternativa del Universo depende de los resultados de un número inimaginablemente grande de incidentes»

Pero lo real, es que en el Libro «La Química del Espíritu», demostramos, que mediante el pensamiento, la mente analítica puede penetrar hasta el punto más mínimo de espacio que uno pueda imaginarse. Y algo más pequeño que esto no pre-existe. Porque verdaderamente, que estamos formados por los *almatrinos*, y estas son las partículas más pequeñas que existen, y por eso podemos introducirnos, y pasar por entre las brechas que quedan entre los núcleos de los átomos de la materia. Así que a la citación anterior de Murray Gell-Mann solamente tenemos que quitarle el segundo término; es decir la palabra no.

Porque también en el libro «La Química del Espíritu», hemos demostrado que la velocidad a la cual viajan los *almatrinos*, viene dada por la ecuación $\mho = m_0 C^3/E$. o considerando que m_0 y c, una constante, podemos considerar otra constante como $\Omega = m_0 C^3$, es decir que $\mho = \Omega/E$, lo que quiere decir, cuando la energía era muy pequeña, la velocidad $\mho$ se hizo infinita. O también que una partícula quieta comenzó a acelerar y la energía E se hizo infinita, porque $E = \Omega/\mho$. Y esta ecuación tan simple, es lo que explica cómo se formó el Universo. Y fue deducida de la ecuación relativista de Albert Einstein, cuando suponemos que todo lo que existe en el Universo es real. Porque la masa se crea, como mencionó el propio Einstein, a partir de la energía que solamente se produce, cuando hay movimiento. Y si no hay movimiento allí no sucederá nada. Pero una vez que comenzó esta actividad de formación del Universo, nada podrá detenerla, porque en la medida que surja una nueva energía se generará otra, de esta otra, y así sucesivamente. Y en el principio, o cuando aún no se había formado en Universo, una energía muy baja, hacía que en realidad la velocidad de los *almatrinos* tendiera hacia un valor infinito.

Luego surgimos nosotros como espíritus, para tratar de poner en un orden toda ese torrente de pensamientos que nos llegan. Pero que al final en el macro mundo, eso es solamente una serie de sucesos cósmicos, lo cual explica el indeterminismo que defendió Max Born. Y el indeterminismo, se puede aplicar en todos los campos, tales como el de las moléculas que forman el ADN de las células, y estas se asocian unas con otras y se coordinan, con el fin de esculpir todas las formas de cuerpos de todos los seres vivos que habitan en la Tierra. Y el biólogo Jacques Monod lo establece más claramente, cuando dice, que: «las mutaciones en el ADN, son todas obras del azar, puesto que son la única fuente posible de la modificación, como la fuente o el origen de las estructuras físicas o heredadas de todos los organismos vivos».

Desde luego, que se concibe necesariamente, que sólo el azar, es decir, el indeterminismo, es la base de la nueva información genética, cuando ocurre un cruce de información entre un espermatozoide desconocido con un óvulo, cuya configuración genética también se desconoce. Porque nadie sabe con quién se irá a casar. Pero desde ese azar genético surgimos, con una carga de genes totalmente desconocida para nosotros, pero que al asumirla responsablemente, tendremos que maniobrar como energía, para con ello, mediante el cuerpo que nos toque, gústenos o no, batallar en un cúmulo de pensamientos.

Porque luego tendremos que sumar todos estos acontecimientos psicológicos, para, de alguna manera, poder expresarnos o manifestarnos como espíritus. Pero de nuevo, no recordamos los eventos de la estadía en el vientre y los cinco primeros años de nuestra vida, porque todavía a esa edad no se ha formado el hipocampo, en el cual se tiene que alojar la memoria física. Y esa es la razón, por la cual la memoria nos llega volcada en cero. Y de nosotros dependerá la forma y la cantidad de cosas útiles con la cual llenemos nuestra memoria física, para que podamos trasferir lo grabado hacia la memoria permanente, pero que la misma yace en la energía que forma el espíritu.

4 PROGRAMACIÓN DEL YO NIÑO

De tal forma, que el azar o el indeterminismo, es la raíz inequívoca de la evolución física; pero solamente la parte física, porque lo que somos como energía, ya lo hemos heredado del Universo, para poder manifestarnos y a la vez lo que somos como Seres vivos. Y como se dijo, la evolución del Universo va a su ritmo y por el rumbo correcto.

Sin embargo, luego de esa odisea descrita para culminar el acto de nacer, finalmente cuando niños, quedaremos inevitablemente atados a los criterios de nuestros padres, porque incluso antes de procrearnos, algunos de ellos ya tenían trazado un plan de vida para nosotros. Nos imaginaron como unos prodigios. Así que para nosotros, comenzará una influencia modeladora llamada educación, cuyo objetivo, será prepararnos, con el fin de lograr una adaptación ante la sociedad en la cual nos tocará desempeñarnos. Como por ejemplo, una profesión determinada, que a lo mejor no es la que queremos o nos conviene, porque la misma puede que no esté enmarcada en nuestros propósitos originales. Porque la misma, fue solamente, el producto del expensalismo de nuestros catalogadores padres, con la influencia de su autoridad conductora y modeladora. De tal forma que esa formación será programada, y estará inevitablemente, unida al deseo de los padres, quienes nos ven desde recién nacidos, no como individuos, sino como algo de su propiedad. Y no desaprovecharán la oportunidad, para ellos lograr alcanzar, a través del yo niño, lo que ellos no pudieron; o que lo que obtuvieron no desaparezca, y podamos ser para ellos, la única garantía de continuar lo que ellos ya lograron, o alcanzar lo que ellos no pudieron lograr. Por ejemplo, enseñarnos cuidadosamente a manejar sus negocios, como una forma de poder resguardar, o preservar sus fortunas. Tal vez con la esperanza de que en algún momento ellos pudieran regresar para de nuevo tomar el mando de sus empresas. En Venezuela por ejemplo, cuando se hizo el llamado para estudiar en la «Misión Sucre», enseguida acudieron y se alistaron personas de más de 65 años de edad en la carrera de medicina. Algo que es inaudito, porque a esa edad, ya no se logrará ser un buen médico, porque es una profesión que se soporta sobre la base de experiencia que va a adquirir durante el ejercicio de la actividad. Pero ese llamado, llenó las expectativas inconclusas, o un vacío en el deseo de alguien, con el fin de lograr, lo que no se pudo alcanzar siendo joven. Y muchas veces, la razón, fue producto más bien de una falta de orientación oportuna, lo cual hizo que se perdiera la oportunidad que solamente depende de la edad de cada individuo.

Claro, que para lograr tales propósitos, la programación de la conducta desde la más temprana edad, es un hecho que se ha de realizar de manera sobreentendida. Pues cuando el niño crece y se hace independiente, la influencia sería un tanto más difícil; pero aun así, eso no logrará cambiar su vocación. Así que una forma equivocada de enrumbar al niño, es implantarle al niño confundido, las imágenes o aquella estampa de lo que los padres se imaginan para el niño. O mostrarle al niño, solamente aquellos modales, que lo harán ver ante él o ante ella como un ejemplo a seguir. Y el niño o la niña, pasarán a copiar, o incluso a implantar en sus mentes, esos sentimientos de admiración y deseos de los padres. Pero sin darse cuenta, que tales actos, muchas veces van a apartar al niño de sus propósitos o metas originales, las cuales es muy seguro que ya vinieron con el niño de forma energética. Porque la osadía, las dificultades y los riesgos que se asumen, simplemente por querer nacer, no pueden ser en vano, y verdaderamente, esto tiene que tener un propósito muy importante.

Y ese deseo del trascender de los padres a través de los hijos, y la oportunidad de moldear, ordenar y dirigir a otros, es un rasgo típico de los expensalistas, y es lo que anima o motiva a los padres a realizar de esa forma, esa labor educativa. Pero nada de malo tendrían esas pretensiones, si se observara con más cuidado o detenimiento, la actitud real del niño, o si no se desconocen los buenos fines sociales de la existencia. O que se irrespete el derecho y la necesidad que tiene la persona del niño en su formación. Se podría más bien, ayudar, para que el niño pueda ser guiado, cuando se observen con mayor cuidado sus inclinaciones genuinas. Ayudándolos a escoger, y adaptarlos en sus propios senderos; el cual los conducirá hacia sus propias experiencias, que pueden ser necesarias para su evolución energética. O provocarlas como si fueran vivencias reales, para que estas queden grabadas en el subconsciente y en la energía de su espíritu, como una manera de moldearle correctamente su genuina e íntegra conducta. Y solamente así se verá emerger desde el Ser niño, un individuo grandioso, y él se lo podrá transmitir a sus descendientes. Y al final, lograríamos que la humanidad forme una clase de sociedad más avanzada, y con sus nobles y reales propósitos. Yo por ejemplo, comenzaría a formar esta nueva sociedad ideal, con Luiz Antonio; con Chole Chua y Christian Lí. Con los niños Mozart y Gauss, con Bella Deviátkina, y con Simón Bolívar.

Pero incluso el nombre, o cómo se llamará el niño o la niña, serán un aspecto importante en su personalidad. Y la necesidad que tiene el niño de recibir afecto y protección, lo hacen vulnerable; y a ser dependiente. Y coloca al niño, ante una situación de realizar actos que llamen su atención, o que logren convertirlo en una figura de atracción, como aquello de querer intervenir en una conversación que le evoquen su razonamiento. Pero a la vez, esa misma actitud los hace propensos a la observación de lo que gusta o disgusta a sus padres, quienes tienen el mando; y lo «educan». Sin embargo, digamos que el niño lo acepta, porque de manera general él teme a la soledad, pues la asocia con el frío, el hambre, el dolor y el abandono. Y el temor a la muerte, ya viene impreso en su carácter, con el fin de obligarlo a cumplir su estadía o período de vida en la Tierra. Algunas veces sufriendo, pero en otras ocasiones, aprendiendo a cómo hacer para moldear su propia energía. Es por esa razón, que la orientación oportuna pero sabia de los padres, puede ser importante.

Y la interrelación entre padres e hijos, dentro del medio social, también va a ser influyente para la buena moral de la futura sociedad. Y será un elemento básico en el carácter de cada ser humano. Todo niño que nace, lo hace trayendo con sigo sus propias habilidades y su carácter innato, porque el espíritu tiene memoria y propósitos. Pero en esa memoria no pueden venir los signos de la maldad, las cuales son cualidades negativas, que solamente la aprenden los niños cuando las copian de otros. O cuando los padres los abandonan o los dejan a la deriva, porque los padres también vienen de esa clase de sociedad extraña. Por lo cual, en este caso, será más difícil cambiar o remodelar ese carácter innato. Excepto en aquello que le pueda corregir su conducta moral, cuando en sus pensamientos se le logre tocar la fibra de la conciencia, que puede ser igualmente, mediante una imagen, o un simple acto simbólico. Porque la forma más fácil de lograrlo, es ayudando al niño, cuando se pueden captar esas señales de habilidades. Y serán puestas en escena de manera natural por el niño ingenioso, y desde sus primeros años. Y en la medida que cada acontecimiento transcurra, en él se le irá desarrollando y reafirmando tanto en vigilia como en el sueño, esa manera que solamente él desea, porque esos son sus propósitos, y llegará a la adultez muy feliz, porque siente que su nacimiento no fue desperdiciado, o que su tiempo fue aprovechado para su progreso espiritual, porque logró alcanzar una gran parte de sus metas. Y tendrá su influencia en cuanto a su manera de ser y actuar en todas sus formas.

De esa manera, pareciera que todos venimos «programados» desde antes de nacer, o al menos traemos una buena carga de aptitudes. Pero en ello, igualmente influye la formación en el hogar. Por ejemplo, los niños de un buen comportamiento moral, se forman en hogares donde se practica la buena moral; y estos niños, serán y crecerán con los buenos hábitos de ser aquellos buenos ciudadanos que engrosen la lista para formar una buena sociedad. Entendiéndose como moral, el respeto por las normas éticas de convivencia.

Pero en algunos casos, los padres por desconocimiento, tratarán de imponerle al niño ciertos criterios que no son del niño, sino de ellos como padres. Y los niños los aceptarán paralelamente como una obediencia a seguir, y esto puede borrar de su memoria temporal en el hipocampo, su carácter inherente. Porque aquellas ideas implantadas en el hipocampo, pueden algunas veces perturbar los propósitos originales del niño. Y si no se descubren a tiempo, dará la impresión de que las mismas son infalibles. Y tal vez como niños, las pueda trasladar hacia la memoria permanente del espíritu, como actos indeseables para el Ser puro. Por lo cual, surgen las opiniones fatalistas de aceptar tal o cual comportamiento; y que según su fuerza de arraigo, sería muy difícil de solventar, como en ese caso de los expensalistas. Y formarán parte de un consuelo al decir soy así, porque así eran mis padres; como si la manera del Ser espiritual pudiera se heredada, lo cual es imposible.

Sin embargo, todo niño que nace, obviamente que su mente física está vacía, porque en el embrión todavía no se ha desarrollado el hipocampo. Pero esta es la única forma de poder llenar la memoria temporal del hipocampo, con las nuevas experiencias que le brindan esta otra oportunidad de vivir; pero sin saber, que las actitudes impuestas en esa memoria, la misma puede ser reprogramada.

Así que no es cierto que el guion de la vida, tenga que cumplirse exactamente como lo visualizaron los padres durante la infancia de cada uno de nosotros. Y la forma de la existencia, no necesariamente que ha de continuar por el camino de la banalidad, la tragedia, el esfuerzo inútil, la soledad, la tristeza, la infelicidad, la desarmonía, el sufrimiento, la deshonestidad, la avaricia, la inmoralidad, el desconocimiento, la incapacidad o la enfermedad, porque todas estas son el resultado de esas ideas erróneas impuestas. O porque cada ser que nace, trae en su germen, el Ser puro; sus propósitos más nobles, y que son los que le ayudarán finalmente en su progreso espiritual. Y en cada ser, subyace la pureza ingénita que será difícil de remover mediante la programación o capricho de sus padres. Y más tarde, él o ella, buscarán constantemente ese camino correcto de aquellos propósitos anidados, y que son propios del Ser. Y si no está preparado o preparada para explicarse estos comportamientos paralelos, desde allí surgirán los conformes; mientras que en el otro extremo, estarán los extravagantes. O de pronto el tiempo ya no nos es suficiente, o no nos alcanzará, cuando nos demos cuenta que podíamos haber logrado nuestros propósitos.

Y los acontecimientos buenos o malos que nos sucedan, la única forma de explicarlos, es mediante la calificación superficial y justificación de los mismos, como una obra del indeterminismo o del destino. Pero resulta, que estos no son otra cosa, sino una reprogramación grabada en el inconsciente. Específicamente en las glándulas del sistema amigdalino ubicado en la base de los hemisferios cerebrales, las cuales pueden ser igualmente reseteadas, mediante la acción de nuestro pensamiento y voluntad.

Algunas malas grabaciones pueden quedarse inadvertidas o impresas para siempre, y nos pueden afectar nuestra forma de vida, en caso de no poder descubrir las buenas. Mientras que las malas, las podemos borrar a tiempo. Y estas que borramos, como son pictóricas, deben ser sustituidas por otras de fuerte impacto, pero que resulten contrarias o útiles y beneficiosas para la vida adulta. Y es de esta forma, que siempre habrá una segunda oportunidad para cambiar, o trazarse un nuevo rumbo, el cual solamente nosotros podremos decidir.

Y esa búsqueda será siempre constante, porque es lo que nos llevará por las innumerables alternativas: como por ejemplo, una de ellas, pudiera ser que éste libro llegue a sus manos, y lo ponga en práctica o no, o que alguien le relate pasajes bíblicos, y usted se quede formando parte de una congregación religiosa, porque piensa, que allí justamente encontró una buena razón o la que satisface sus dudas. O pudiera a lo mejor, traspasar la barrera del conocimiento, para transformarse en un científico o científica que le aporten un poco más al esclarecimiento de tantas incertidumbres, que es lo que determina la falta de convivencia o moral de la raza humana. Tanto con ella misma como con los demás Seres; que en conjunto, bien sea árboles, flores, cascadas de agua, animales exóticos, o toda esa indescriptible diversidad, le dan un sentido a la existencia de la Tierra, de que ella a su vez es otro ser vivo. Y cuyo palpitar se expresa a través de nosotros como espíritus formados por *almatrinos* con la fuerza indestructible de los *urdires*. Y como Seres dotados de esa conciencia, nos corresponde, y nos da esa responsabilidad de cuidar de la Tierra como planeta, pero también a los demás Seres que forman parte de todo Ser vivo. Además de preparar las condiciones para la oportunidad, y que otros espíritus igualmente formados por *almatrinos* y *urdires*, puedan igualmente expresarse en el mundo físico.

En fin, lograremos avanzar por esa nueva ruta que escojamos, y hacia objetivos más claros y precisos, o que previamente elijamos de acuerdo a nuestros deseos y necesidades propias. Somos poseedores de todos los recursos suficientes para activar y direccionar la energía que nos conduzca a cualquier meta seleccionada, porque estamos capacitados y proporcionados para ser los creadores de nuestro propio mundo. Y pertenecemos a un Universo, cuyos recursos son infinitos e inagotables. Y podremos disponer de esos recursos energéticos, para influir sobre lo conveniente, al preparar y operar desde un estado especial de conciencia; y desde allí, planificar lo provechoso y necesario para el nuevo camino; porque no estaremos atados o indefensos ante los embates del inconsciente. Y desde la quietud que nos ofrece la autosugestión, podremos dominar nuestra mente, la cual se hace más incontrolable cuando estamos en el estado de vigilia. Porque si estamos en estado de relajación, esa es la única manera que tenemos para pausar los pensamientos. Y en lugar de la incertidumbre, nuestra mente y su energía, la podemos utilizar para re-direccionarla de nuevo, pero con la gran ventaja, que será desde ahora en la adultez, cuando nuestro sentido de la realidad no es igual al de la infancia. O porque a esta edad, ya somos capaces de actuar y pensar con una manera y claridad propia. O que podemos maniobrar conscientemente hacia los objetivos que realmente deseamos; tanto para nosotros, como para los demás.

Así que la relajación profunda y consciente plenamente, es la única forma de aquietar la mente para prepararla y enseñarla a penetrar, hacia aquellos niveles de conciencia más insondables o deseados, o aquellas actitudes diferentes, caracterizadas. Porque ahora podemos dirigir nuestros pensamientos, desde una frecuencia cerebral más baja, lo cual nos permitirá, no solamente resetear, sino grabar de manera más precisa las nuevas ideas, pero esta vez, las que están más apegadas a las formas innatas, y que nos animaron como espíritus inteligentes a ser parte de la vida física o tridimensional.

Y una vez conscientes de nuestro origen y propósitos, se silenciarán o desvanecerán aquellas ideas o figuras indeseables o implantadas de manera errónea en el subconsciente. O aquellas ideas antiguas y extemporáneas, para que luego, el argumento de la palabra indeterminismo, sea sustituido por aquel plan de vida más efectivo, o el poder de pensar y saber, de que al fin nos hemos encontrado para nosotros mismos el camino correcto. Porque esa aptitud, estará elaborada en nuestra etapa adulta y de una manera más realista y clara. Y para ayudarnos a plantearnos metas que son elegidas por nosotros y no por otros.

Seguramente que será un plan lógico, flexible, racional, moral y ético, o dirigido hacia el tiempo por venir; incluso más allá del abandono del cuerpo, pero vivido y practicado en el presente. Porque esta, es la única oportunidad que tenemos en el mundo físico, para poder cambiar aquellas apariencias que nos obstaculizan, y poder mostrar nuestra pureza así, de una forma libre. Y todo eso es posible, si estamos decididos a cambiar las estructuras no deseadas, hacia la perfección de ser los merecedores de una vida alegre, sana, física y mentalmente, con el propósito de que podamos disfrutar plenamente de nuestra existencia como espíritus, que solamente utilizamos la materia de un cuerpo, para poder expresarnos.

Y decía el filósofo y fundador de la Psicología Funcional, el estadounidense William James: «El descubrimiento más grande de mi época, es saber que el hombre puede cambiar su vida, cambiando su actitud mental».

Pero en fin, ser un buen filósofo, también significa haber despertado a tiempo esa capacidad creadora, o que permanecía dormida en cada ser humano; pero que ahora nos da la oportunidad, de por lo menos, mediante el análisis lógico, filosófico y psicológico, poder ayudar a otros a enderezar sus senderos; o pastorear las almas humanas confundidas. Porque nuestra aptitud puede quedar grabada en la gran mente universal, como una obra del pensamiento que alimenta a la memoria permanente del Ser espiritual. La cual tiene como gran particularidad, poder predecir los sucesos, pero que no necesariamente pueden ser atribuidos a eventos futuros en un tiempo que no existe, sino en la capacidad imaginativa y creadora del ser humano, que lo puede conducir hasta explicarse todas las cosas fantásticamente. Luego, el científico de laboratorio, mediante técnicas bien elaboradas, se admira de que aquella mente fue capaz de pronosticar correctamente aquel fenómeno físico, sin utilizar más herramientas que aquella que le brindó su propia capacidad intuitiva, imaginativa, analítica y creadora, como por ejemplo el hecho de poder explicarse el origen del Universo.

Pero varios fenómenos científicos, se han resuelto mediante un sueño, lo cual no es más que colocar el problema en la rueda de la lógica, que yace en el cerebro, y que funciona mediante un engranaje con una perfecta sincronización. Y lo que no funciona en el cerebro, no lo hará en la forma física, y eso es lo que nos hace ser Seres con imaginación, y nos convierte en diseñadores de sistemas y procesos.

Por otra parte, esa manera de pronosticar mentalmente los acontecimientos, es lo que hace que surjan los grandes líderes entre los grandes conflictos. Luego quieren tomar las riendas los incapaces y expensalistas, quienes son los que permiten que surjan de nuevos los conflictos, en algo que pareciera formar parte de unos acontecimientos repetitivos, o como en un interminable círculo vicioso, o colocados sobre ruedas de tragedias para la raza humana.

Y esto sucederá, hasta que desaparezcan los expensalistas, los incapaces y los aletargados, para que la humanidad toda, por ser la causante de estos males, tales como las guerras sin sentido, entre definitivamente en la razón, de que la existencia en si misma, dependerá de la correcta convivencia entre todos los seres. Sin importar la raza o la forma de cada organismo viviente. Ya que la energía que los anima a ellos, está igualmente formada por *almatrinos* con sus *urdires;* y es lo que forma una sola unidad energética en forma de *conscientia.* Es decir, que todos los Seres pertenecemos a la misma energía, que se aglomeró para conformar los espíritus. Pero nosotros como seres humanos, por estar conscientes de esta realidad, o por ese solo hecho, eso nos califica como los Seres más responsables. Por lo cual, nuestra tarea primordial, es poder guiar a otros a reconocerse tanto entre ellos como así mismos, y que toda forma de vida existente sobre la Tierra es también importante. Porque la misma, está indiscutiblemente asociada a la nuestra.

5 IMAGEN MENTAL

Como un fenómeno mental, el sueño inducido, tiene como objetivo, tratar de descubrir la corriente de energía que fluye desde el Ser consiente; o aquello que determina el maniobrar de los pensamientos. Y este fenómeno, le ha llamado la atención al Ser humano desde hace mucho tiempo. Es lo que lo ha llevado a pensar, en su posible conexión con lo sobrenatural, o en las facultades extraordinarias que parecieran tener solamente ciertos seres previamente elegidos. Pero como vemos, eso no es más que el resultado de una programación, la cual puede ser natural o espontánea, o a la que cada quien fue obligado a seguir durante su infancia. Lo cual, o bien lo capacitó para la búsqueda de sus nuevas experiencias y habilidades en el niño, o también pudo haberlo confundido. Mientras que otras destrezas, puede que permanezcan ocultas o sin poder manifestarse en la propia mente, y durante el transcurso de toda la vida.

En el llamado período mágico, ese sueño inducido, fue considerado como la única manera de poder comunicarse o conectarse con aquellos eventos del pasado. Así por ejemplo, los egipcios lo practicaban de una manera parecida a como se hace hoy en día, pues lo que ha cambiado básicamente, es la forma de influenciar, hacia aquellos fenómenos psíquicos que permanecen grabados en el inconsciente. Así mismo, las iniciaciones del templo de Heliópolis, mediante las cuales a Jesús se le fue otorgado el título de el Cristo, o de Iluminado, son también un ejemplo de ello. En Isis, abundaron los «templos de la imaginación» donde los pacientes recibían las instrucciones de los sacerdotes, a través de un «sueño misterioso». En Grecia, los clérigos del templo de Esculapio, hacía que los devotos se durmieran bajo el sueño provocado. Y durante ese trance, se les insinuaba sugestiones curativas. Pues incluso, o ya para esos tiempos, se creía, que las enfermedades orgánicas eran el resultado de un desequilibrio psíquico, y por tanto, las mismas podían curarse mediante el accionar de una fuerza igualmente psíquica. Sin embargo, lo que hasta hoy hemos demostrado, es que las afecciones corporales orgánicas, no son sino fenómenos químicos, provocados por la manera errada de alimentarse; principalmente con las proteínas y las células de origen animal, como se dijo. De tal forma, que la ciencia lo que ha hecho, es ir borrando aquellas explicaciones que para su momento parecían lógicas, pero que eran el resultado del pensamiento filosófico, y en su lugar, se van reescribiendo las ideas, colocándolas en el orden correcto.

Por ejemplo, los filósofos griegos, creían que el centro del Universo era la Tierra, y que el Sol giraba alrededor de la Tierra. Pero que la Tierra giraba alrededor del Sol, fue algo que el primero en deducirlo, fue Nicolás Copérnico, algo que él no pudo demostrar. Luego fue Galileo Galilei, quien tal vez influido por las ideas de Copérnico, logró demostrarlo, cuando pudo mirar hacia el firmamento por medio de un catalejos. Pero a Galileo le enfurecía la estupidez de los griegos. Aunque los antiguos griegos, en realidad lo que buscaban era darle una explicación a los misterios del Universo. Y había que comenzar por algo, por alguna idea, porque en realidad que lo único que inquietaba era el fenómeno.

Y en cuanto a explicarse los problemas relacionados con la salud del cuerpo, tal vez quien lo comenzó, fue otro griego: el filósofo Hipócrates. Pero aun hoy en día, se recurre para explicarse el origen de las enfermedades, atribuyéndoselas más bien a fenómenos psicológicos, sin considerar el origen químico de las mismas. Y de allí es que surgen tantas ideas chifladas como eso de la «curación cuántica». Las de los «angeólogos» porque ellos dicen que son expertos en «angeología»; es decir, dicen ellos, que se trata de una nueva ciencia que estudia a los ángeles.

Pero tratando de dar una explicación un poco más científica a ese sueño inducido, lo que hasta ahora se sabe, es que el primer impulsador de ese efecto, fue Franz Anton Mesmer, un médico alemán, quien tal vez fuera influenciado a su vez, por el médico Paracelso, el cual se le considera como uno de los primeros galenos practicantes del naturismo. Y Paracelso a su vez, pudo haber tenido la influencia de Francis Bacon, al cual se le atribuye dar la explicación de los fenómenos que nos suceden, mediante la utilización del análisis experimental.

Pero digamos que fue Mesmer, quien desarrolló una teoría acerca del llamado «fluido universal», cuya sustancia esencial estaría presente en todas las cosas. Por lo cual, él consideró, que de alguna manera, los astros, con su fuerza magnética gravitatoria, también deberían tener un efecto sobre el comportamiento de los seres humanos. Así que cada individuo, sería entonces como un imán con sus dos polos, entre los cuales circularía el *fluidum*, o el fluido garante de la vida. De tal forma, que la buena salud, no sería otra cosa sino el libre flujo de aquella energía magnética, mientras que la enfermedad, consistiría, en que el fluido cósmico no fluye libremente sino que se queda atascado en el cuerpo.

Algo parecido a las teorías de Hipócrates, en cuanto a la forma en que influían sobre el estado de salud los cuatro fluidos corporales: sangre, flema, bilis amarilla y hiel. Porque según Hipócrates, una exuberancia de sangre, o lo que hoy se conoce como tensión alta, provocaría un comportamiento hiperactivo, mientras que un exceso de bilis negra; o hiel, conduce a un proceder abatido que se manifiesta como tristeza; o lo que conocemos como depresión, estrés o carencia de energía, etc. Y de esta manera, Hipócrates explicaba la conducta y el estado de ánimo, lo cual relacionaba con la salud y la enfermedad, mediante el equilibrio o no de esos cuatro temperamentos. Así que Mesmer como médico, quizás debió conocer los aportes de Hipócrates, quien también es una referencia obligada para todo los estudiantes de medicina. Pero Hipócrates, al igual que Mesmer, decía que el médico tendría como única función, lograr reestablecer el equilibrio nuevamente, porque la desarmonía, indudablemente que abate el cuerpo.

Y Mesmer, creía en la necesidad de lograr de nuevo la circulación armoniosa del fluido vital, mediante el empleo de minerales con propiedades paramagnéticas; es decir, con la exposición del cuerpo a la acción de los imanes naturales por medio de un experto. Pero no pasaría mucho tiempo, para que se siguiera aclarando el fenómeno, ya que fue el propio Mesmer, quien se percató de la importancia que ejercía sobre el paciente, la personalidad del individuo que aplicaba los imanes. Porque incluso, antes de que el individuo implantara los imanes físicamente, ya la sola intención, generaba un efecto en el sujeto. Porque Mesmer observó, que se podía magnetizar a otros pero sin la necesidad de los magnetos; y los resultados eran idénticos. Y así, que Mesmer llegó a la conclusión, que quien aplicaba la técnica magnética, podía igualmente sanar pero sin la acción de los magnetos. Pero eso también lo hizo creer, que dicho efecto se debía a la posesión de ciertos dones excepcionales de quien aplicaba la técnica del magnetismo. Y, de esta forma, el propone un nuevo concepto referido como un magnetismo diferente al magnetismo mineral, al cual Mesmer dio el nombre de magnetismo animal.

Luego fue el médico escocés James Braid, quien propuso el término hipnosis, para referirse a una técnica derivada del magnetismo animal o mesmerismo. Pero aún hoy en día, se recurre al uso de las pulseras magnéticas, para corregir ciertas anomalías; o equilibrarlas, o sería esto lo que dio la moda al uso de talismanes y otros amuletos, como una forma de «protegerse» de ciertas influencias malignas. Que por cierto, tampoco existen. Y sería como pararse a implorar frente a una estatua, y luego sentarse a esperar hasta que ocurra «el milagro invocado».

Y comenzó a vislumbrarse con mayor claridad, la idea de la sugestión personal. O que el influjo que emanaba del terapeuta, no era otra cosa que la influencia del mismo paciente. Y que lo único que hacía el terapeuta, era guiar al paciente hacia su propia curación. Y esta cualidad de algunas personas para guiar a otros a su sanación, se dice también que se debe al influjo que ejerce la energía del aura, cuyo dominio estaría más desarrollada en unos que en otros, o según la personalidad de quien la proyecte con mayor fuerza.

Pero más científicamente, se sabe, que existe el efecto placebo; mediante el cual, es la propia persona afectada, quien se induce así misma, para que se segreguen sustancias para curarse, cuando provoca estas segregaciones con la acción de sus pensamientos. Y que la emanación de ciertas hormonas, tiene como único fin, provocar el bloqueo de una enfermedad. Porque a lo mejor, si esto se hace de manera consciente, se logrará de alguna manera, dirigir los pensamientos para enfocarlos hacia el problema o el órgano afectado, al darse cuenta, dónde, o que algo lo entorpece físicamente.

Pero siguiéndole de nuevo los pasos a la historia de la hipnosis, tal vez fue el portugués José Custodio de Faria, uno de los pioneros en el estudio científico de lo que hoy llamamos hipnotismo, lo cual inspiró el personaje del Abate Faria en la novela «El conde de Montecristo». Pero entendió Faria, a diferencia de sus predecesores, que el hipnotismo estaba basado en el poder de la sugestión. Así que en el siglo XIX, Faria introdujo la práctica de la hipnosis como un recurso terapéutico. Y fue Faria, el primero en resaltar la importancia de la sugestión en el proceso del hipnotismo, y quien también propuso la existencia de la autosugestión.

Y afirmaba Faria, que dentro del hipnotismo, el magnetismo era tan solo una forma de sueño, y que todo el proceso se llevaba a cabo por medio de la propia imaginación del paciente. Mientras que el hipnotizador, era solamente el guía. De tal manera, que Faria, fue quien realmente cambió el concepto del mesmerismo, por aquello que se podía aplicar el afectado por sí mismo. Y fue gracias a Faria, que el operador pronto se convirtió solamente en un orientador, y que el efecto de la sugestión, era realmente el elemento básico en el fenómeno del sueño inducido.

Pero se consideraba para ese entonces aún dentro del concepto de Mesmer, que la distorsión de la energía, era el anómalo responsable de todas las modificaciones que tenían lugar en el organismo. Y además, que esa curación que se lograba por sí mismo, también podían ser dirigidas o tener la influencia de un sujeto externo o hipnotizador; por lo cual, muchas veces, aquellos eventos resultaban espectaculares; o tal vez como milagrosos, y le hacían creer al hipnotizador, que era él quien poseía tales dones o virtudes. Pero tal vez sin saber, que en realidad, era el propio sujeto quien tenía esa cualidad de curase por sí solo. Pero a su vez, el sujeto tampoco sabía que era de él que emanaba el efecto curativo. Y sería por eso, que el afectado consideró, que tenía que valerse de otro, con el fin de inculcarse esa confianza para sí mismo, porque luego la duda pasó a ser mutua. Y es en este aspecto de un sesgo psicológico, en lo cual se basa el fenómeno de la auto-sugestión, es decir, el conocimiento de que nuestro cuerpo físico tiene esa cualidad de verter sustancias químicas, que a su vez tienen que ser prorrumpidas desde la acción controlada de nuestros propios pensamientos.

Pero de allí es que surge la pregunta: ¿puede la autosugestión darnos un alivio y luego una curación efectiva y permanente? Y la respuesta es: desde luego que sí, pero siempre y cuando, atendamos y entendamos, que es mediante el conocimiento necesario, para saber de qué manera estamos alimentando químicamente a nuestras células, las cuales son las unidades básicas donde yace la acción física, y que se conecta con la energía del espíritu. Y todas las reacciones químicas, junto con esa energía, es lo que nos obliga a marchar hacia adelante en este mundo llenos de obstáculos. Y la afectación de las células, es lo que causa, o donde se produce el descontrol del anclaje entre la energía del espíritu con la materia. Y es por esta razón, que hemos escogido «La Química del Cáncer» como el modelo más lógico para explicar, por qué suceden todas estas contrariedades. Mientras que las demás enfermedades, son una consecuencia del mismo efecto relacionado con el consumo de carnes. Y ese conocimiento, será lo que nos permita reprogramar toda nuestra forma de vida, para poder disfrutarla plenamente, pero ya enfocándonos en objetivos mucho más precisos y claros.

Porque tenemos que alimentar además, ese estado de conciencia, para que nos refuerce la confianza, de que el conocimiento es necesario, para saber, por ejemplo, cómo debe ser el sustento de las células. Y que esto no puede venir de una persona dotada, tales como un médico o un nutricionista. Porque al final, ese proceso de consumir los alimentos adecuados para vivir, dependen solamente de nosotros, mediante el pensamiento, en el momento en que nos llevemos cada bocado a la boca, y que nos hará igualmente sensibles, de que nuestra alimentación, de ninguna manera puede llevar el estigma del sacrificio de la vida de otro ser vivo. Porque de nada valdría, o no tendría ningún sentido, el desarrollo espiritual alcanzado.

Decía Hipócrates, tal vez de una manera más acertada: «que el alimento sea tu medicina, y tu medicina tu alimento». Pero de todas formas, cuando aquí describimos la curación mediante la autosugestión, nos referimos precisamente, a la forma de moldear la conducta, con el fin de convertirnos en Seres más integrales, respetando el derecho a vivir que tienen todos los demás Seres que habitan la Tierra, y la Tierra misma. Y el conocimiento de que el consumo de carne es lo que nos provoca el daño, nos hace estar más alerta, mediante nuestros pensamientos, a la hora de querer alimentarnos con la carne de un animal. Por no decir, de otro animal, cuando nos referimos a un Ser humano inconsciente. Tal vez como algo distinto, o como hizo en niño Luiz Antonio, cuando sus palabras hicieron brotar lágrimas en su mamá, por lo cual el niño Luiz Antonio dijo: «entonces hice algo muy lindo».

Pero lo cierto, es que vivimos y actuamos en un mundo edificado sobre las sugestiones, o en el indeterminismo; que incluso muchas veces son la causa o el origen de las modificaciones que se llevan a cabo a nivel genético. De tal manera, que la sugestión sin el conocimiento, tampoco nos permitiría avanzar ni un paso, sin que de alguna forma, nos dejemos sugestionar por otras personas; o sin que estas a su vez, reciban la influencia de nuestras sugestiones. Las redes sociales como *Facebook*, *Twitter*, *Instagram*, etc., o el fanatismo por la práctica de un deporte en una competición por el dinero, y no como una forma de medir la capacidad y la destreza de esa fuerza física en colectivo, o la propaganda falsa, o aquellos actos de falsa bandera, para decir que un demócrata es un dictador, sembrar la xenofobia, y todo esto como una forma de justificar una guerra contra un país hermano, son las señales más claras del inmenso atraso moral que tiene la humanidad, quien pareciera más bien, que todavía vive confinada en un planeta primitivo.

Así que si no estamos alertas ante esa andanada a de sugestiones, muchas veces creemos en ellas ciegamente. Pero sin saber, que en su mayoría, están siendo dirigidas intencionalmente para programarnos, para actuar contra otros, pero incluso en contra de nosotros mismos. Por ejemplo, sembrar en la mente la xenofobia, para que incluso dos niños de nacionalidades diferentes se odien. O en el comercio, algunas veces como incautos, adquirimos cosas que no necesitamos, creyendo que la elección se debió a un presentimiento, y no a la sugestión inducida por medio de una publicidad comercial muy bien diseñada, y dirigida para ser infiltrada en el deseo, y hacia una necesidad ilusoria muy bien elaborada.

De todos modos, sabemos que necesitamos del aprendizaje para desarrollarnos mentalmente, y para estar más alertas; y que esto no sería posible, si todo cuanto vemos u oímos, tuviera que ser sometido a una verificación estricta. Igual pasa con los libros que leemos, o las dudas que nos llegan de quién los escribió, pero digamos, que mediante un criterio lógico, asumimos que todo es cierto, una vez que las ideas han pasado por la consideración y el análisis exhaustivo de nuestros criterios. Aunque lamentablemente, en este contexto, porque el desconocimiento y el léxico, no nos permiten apreciar la exquisitez contenida en un libro con un análisis científico, y estos libros de contenido analítico, resultan ser de una lectura más aburrida que aquellos de fantasía. O aquellos que nos inculcan ideas negativas para nuestro desarrollo como ciudadanos útiles y de buena moral. Algunos libros imaginarios pero inútiles, están basados en la imaginación de alguien, únicamente con el propósito de vender el libro mediante una lectura fantasiosa, y que no nos llevará a más nada, sino a una sugestión imaginaria, o no están basadas en la sinceridad lógica de quien las emite. No son un mensaje valioso, sino una forma de ganar la atención y la intención del lector.

Incluso, empresas comerciales de autoedición, le otorgan un premio a la obra más fantasiosa, porque estas son las que generan más lectores; y por la misma razón, generarán más dinero, que aquellas que lleven un mensaje científico o de conocimiento. Así que para ellos es más ventajoso económicamente, dejar a un lado la promoción de aquellas obras que son producto del pensamiento científico. Y por tanto, son las obras literarias útiles para el desarrollo del ser humano. Las llamadas telenovelas, también son producto de esa literatura, pero de la más baja calidad, que luego al ser llevadas a un escena visual, ya nos quitan el trabajo de tener que leerlas desde alguna mente literaria. Transformándose en un caso muy común en la sociedad actual, y que si no es controlada su contenido, puede llevarnos hacia una sociedad idiotizada o esclavizada mentalmente, o para ser víctima de esas tretas, o que tienen como única intención sacarle provecho a nuestras mentes incautas.

La imaginación y la sugestión, siempre estarán presentes, no sólo en el aprendizaje, sino ciertamente en la capacidad creativa, y en el resultado del proceso creador implantado. Por ejemplo, la canción «*Gloomy Sunday*» («Domingo Triste») que fue escrita por el pianista y compositor húngaro Rezső Seress en 1933, fue popularizada por la cantante estadounidense Billie Holiday en 1941. Pero su mensaje fue tan impactante, que causó el suicidio de numerosas personas. Siendo este, uno de los casos más patéticos, de cómo una persona se puede dejar sugestionar, incluso hasta provocarse la muerte, por algo que solamente existe en su propia mente. *Gloomy Sunday* luego le fue cambiado el nombre por «Canción del Suicidio» por su influencia alarmante sobre aquellos que no podían entender el significado de la vida, y se amparaban en esa canción trágica, para cortar su existencia mediante una muerte inducida.

O como el caso de la tragedia de la muerte colectiva más grande que se conoce en el pueblo Jonestown en Guyana, donde gran parte de la comunidad del pueblo se inmoló, gracias a las sugestiones de Jim Jones. Porque Jim Jones estaba convencido, de que Estados Unidos sería atacado con una bomba nuclear. Así que para salvarse, Jim Jones se mudó a Guyana con algunos seguidores, con el fin de fundar un pueblo de actividad agrícola y religioso. Pero que luego terminó en una de las tragedias de suicidio colectivo, más dolorosas que se conozcan. Es decir, Jim Jones provocó una tragedia parecida a la que puede provocar la bomba nuclear de la cual él estaba huyendo con su imaginación. Pero toda esa confusión estaba en su cabeza; y se atizaba con sus ideas y pensamientos.

En cuanto a nuestras obras, como producto del pensamiento sugestivo y creador, para bien o para mal, será reconocida y aceptada por los demás, según la clase de sugestión que logremos implantar en la mente de otros. Ya sea mediante el verbo o la obra física realizada. Y la expresión corporal y verbal, dependerá de la personalidad formada; pero también, de la confianza que mostremos para lograr la aceptación de quienes nos observan. Y desde nosotros, tiene que emanar la conducta, pero además, aquellas cualidades que han de influir en otros, con el fin de ganarnos, bien sea el respeto, la estimación, la aceptación o el rechazo de otros.

Y en la obra realizada, por ejemplo, en el campo de la ciencia, esa aceptación, va a depender de la claridad con que hayamos cultivado nuestros conocimientos para poder esclarecer los hechos, y que son en esencia, primeramente de carácter filosófico, o producto de la agudeza del pensamiento. Lo cual determinará, de qué manera se la vamos a trasmitir a otros, tal vez de una forma más simple o accesible, para inmiscuir a quienes no lo saben cómo develar, aquellos fenómenos que nos afectan y que competen a todos como seres humanos.

Y en el caso de la ciencia, ya no actúa solamente la filosofía imaginaria que trata de poner en un orden las cosas, sino que todas las afirmaciones científicas, se basarán posteriormente, en las pruebas, que solamente se consiguen mediante los experimentos. Y desde donde se ha de formar el resumen, basado en el estudio profundo y medido de los fenómenos. Del pensamiento surge la filosofía; y de esta, la ciencia y la religión. Y entre ambas, la línea de comunicación es la lógica. Y la ciencia mediante el experimento, es la que le indica de nuevo a la filosofía mediante la lógica, si el pensamiento emanado estaba o no en lo correcto. Mientras que la religión por el contrario, indica mediante la lógica que todo lo que la filosofía supone es cierto, y de allí surge el gran conflicto que hace que se confronten la ciencia y la religión.

Pero la sumatoria de esos dilemas es lo que alimenta a la gran mente universal, la cual confluirá hacia la consecución de mentes más pasivas, cuando todas las elucidaciones sean colocadas en el orden correcto en la mente del espíritu.

Y en cuanto a la manera de actuar de forma individual, como otro ejemplo, el de las artes, la obra producida, por tener solamente una expresión visual o audible, en ello ya no actúa la lógica, porque mediante su habilidad, el artista puede expresar mediante la armonía del sonido, o en el cuadro pintado, lo que emana de su pensamiento. Y estará convencido de que su éxito ante los demás, será gracias, en buena parte, a la seguridad o convencimiento que él tenga de sí mismo para transmitir su sentimiento o destreza. Y no importa en este caso, si la obra pensada es producto de la ciencia o de la religión, pues para ello, prevalece el carácter que él o ella le proporcionen a sus obras visuales o musicales. Y en las artes visuales, muchas veces se gana la fama; porque luego, cualquier raya que trace el artista, por muy torcida que sea, si lleva su firma esa obra será muy famosa. Pero tal vez que lo famoso es la firma, pero no la raya que está plasmada como una obra. Y mientras más antigua sea la obra, más valor tendrá la misma, quizás, porque su connotación es solamente física. Pero no sucede igual con las obras musicales, que solamente se manifiestan en forma de sonido mediante un instrumento, para recrearnos los sentidos, y de esta forma estas obras son eternas, y se inmortalizan junto con su creador.

Pero aun así, desde niños, iremos despejando nuestro propio camino, y ordenando nuestras experiencias mediante las expectativas y las acciones prospectivas. Aunque algunas veces, seamos arrastrados por alguna de las ramas de la filosofía, sorteándolas, con el fin de mostrarlas en su momento, o en la medida que nuestra habilidad organizativa mental así lo determine. Y si por casualidad, existiera un obstáculo de carácter emocional para poder expresarlo, ya sabemos que lo podemos solventar mediante la autosugestión. Es decir, el correcto pensamiento, para darle paso a nuestra verdadera creatividad, que puede ser de cualquier índole, tales como estos tres ejemplos referido a las ciencias puras, la religión y las artes.

Sugestión se deriva del latín «sub-genere» cuyo vocablo se refiere a llevar por debajo; y, en un sentido más preciso, equivale a infiltrar una idea en la mente, bien sea por influencia propia, tal como la autosugestión, o en la de otro, mediante la sugestión. Y el concepto es más aceptado como hipnosis, tal como lo planteara José Custodio de Faria. También pudiésemos insertar en este grupo, la tele-sugestión, pues en mi experiencia, podía ayudar a aliviar, por ejemplo, un dolor de cabeza por vía telefónica, o simplemente que mi presencia allí, era suficiente para eliminar dicha dolencia. Pero ya sabemos, que no se trata de algo mágico o un don exclusivo, sino que es la misma persona, quien provoca la emanación de la sustancia para bloquear su dolor de cabeza. Uno solamente es un medio, para lograr o influir mediante la confianza a la otra persona.

Y en cuanto a la influencia de otro en la hipnosis, no existe nada misterioso en lo que ocurre. Como tampoco es cierto, que desde el hipnotizador, emane un fluido especial que envuelva al hipnotizado y lo logre despojar de su voluntad para controlarla. O que el hipnotizado tenga que ser débil de carácter o poco inteligente, ya que los mejores seres propensos a ser hipnotizados, son aquellos de un buen nivel intelectual y óptima imaginación. Porque el conocimiento, los hace proceder voluntariamente hacia el proceso hipnótico. O de alguna manera ellos saben hacia dónde deben ir, porque se predisponen y aplican correctamente sus propios criterios, los cuales están basados en el enfoque sobre la idea que se persigue; o puede ser, visualizando una imagen, o también escuchando un sonido continuo o monótono.

Y esa cualidad del hipnotizador, y de ser hipnotizado, que como dijimos era atribuida por mucho tiempo como un don o privilegio, involucraba a las personas más cultas e inteligentes, porque eran ellas, quienes tenían acceso a ese conocimiento. Y de alguna manera, también asomaba la oportunidad de ganar dinero. Así que la gente humildemente social, no tenía acceso a este conocimiento. Pero gracias a esta actitud especial, y mediante este libro, puede cualquier persona permitir, adquirir o no, la posibilidad de abrir las puertas del inconsciente, lo cual es lo que les permite o no, llegar a la raíz de los problemas psicológicos que le afectan.

6 AUTOSUGESTIÓN CONSCIENTE

Y debemos tener muy claro el objetivo que buscamos con la autosugestión, porque con ella, seremos capaces de erradicar completamente las imágenes que perturban nuestra mente; o incluso cambiar lo indeseable por una nueva imagen mental. Es la mejor manera de controlar las ideas que emanan desde el pensamiento. Y el logro de esto, facilitará adicionalmente, la recuperación de la salud. Es decir, mejorar las condiciones para el anclaje del ser espiritual con la materia.

Y esta influencia correctora, junto con el uso, por ejemplo de la música, debe estar basada además, en una técnica bien arraigada de la respiración, para que nos haga disponer inmediatamente de esa herramienta, con el fin de estar preparados; incluso, en el momento de alguna emergencia. Y tal vez en el minuto de esa emergencia, podremos escuchar la música grabada en nuestra mente; y, con la respiración profunda previamente practicada, será suficiente, porque estaremos siempre entrenados para responder; y el aguante físico será necesario hasta que llegue el auxilio externo.

Tal vez uno de los casos más emblemáticos, de que la creación de la música que supuestamente pudo ser borrada, pero luego implantada como una nueva imagen en la mente, se le atribuyen al compositor alemán Ludwig van Beethoven, cuando él fue capaz de componer la Novena Sinfonía, a pesar de su afección auditiva. Y para distinguirse, él pudo escribir, es decir, dibujar dicha obra en un pentagrama, para el disfrute de muchas generaciones, tomando como referencia su época. Y la Novena Sinfonía se quedó así como la imagen inmortalizada de Ludwig van Beethoven.

Pero la idea de que alguien pueda quedarse dormido para siempre en la hipnosis o durante la relajación, es igualmente imposible que suceda, y esa parodia, sólo sirve para alimentar la estructura comediante de la ficción. O si por alguna razón, el hipnotizador se marchara y dejara al hipnotizado abandonado a la suerte con su trance hipnótico, sólo podrán ocurrir dos cosas: primero, que el sujeto despierte al faltarle el estímulo del sonido monótono. O segundo, que luego de un rato, el hipnotizado, o el practicante de la autosugestión pase al estado de sueño fisiológico, y del cual se despertará de manera natural.

Y una de las ventajas que se abren de acuerdo a lo expuesto para la autosugestión, se refiere a la solución de ciertos problemas que nos retrasan en nuestros propósitos, tal como se dijo, por ejemplo las fobias o con el fin de lograr un aprendizaje más eficiente. Porque desde luego, que la autosugestión o autohipnosis, es un hecho que todos podemos lograr sin la necesidad de un sujeto externo, sino por cuenta propia, o empleando las técnicas autógenas sobre uno mismo. Y será más eficiente, porque solamente él o ella, sabrán el objetivo, o dónde exactamente es que yace el problema. Así que mediante la autosugestión, conocemos perfectamente hacia dónde dirigir o enfocar la solución de nuestras contrariedades, mediante un pensamiento mejor enfocado o dirigido.

Pero el otro factor importante, es que ese proceso de autosugestión, se puede practicar en la intimidad de cada uno, o con la puerta cerrada. De tal forma, que a partir de ahora, no tendríamos que avergonzarnos por tener que contarle a otros el problema más secreto, o el temor de que inconscientemente revelemos las cosas que nos puedan causar vergüenza. Como por ejemplo, las incongruencias que se dicen cuando se está despertando de una anestesia, luego de una operación quirúrgica. Y por medio de la autosugestión podremos además, mejorar nuestro rendimiento y la productividad en las tareas que nos exige o impone la vida; o, estimular el desarrollo de las potencialidades científicas o artísticas; es decir, creadoras que todos tenemos, pero que algunas han permanecido dormidas en el inconsciente. O aquellas que casi sin darnos cuenta, pudimos haber desaprovechado por no habernos percatado a tiempo, de la gran capacidad y la oportunidad; ya que con el transcurrir de los años, puede ser que en esta oportunidad no nos alcanzó el tiempo para tal logro. Porque también existen actividades que dependen de la edad como un requisito para su mejor desempeño y aprovechamiento. Tales como el caso que ya mencionamos de querer convertirse en médico a una edad avanzada.

La autosugestión consciente o no, es el secreto que aplican en su éxito los mejores deportistas, porque es lo que les permite dirigir mejor el esfuerzo y la resistencia a la fatiga. Se puede visualizar la competencia antes del evento, y así se empleará mejor el desempeño. Es un instrumento básico en el trabajo intelectual, donde es necesaria la concentración y la memoria; además, de la visualización de imágenes creadoras para la solución de problemas científicos más complejos. Y fue así, cómo Friedrich August Kekulé von Stradonitz, resolvió el problema de la estructura química de los dobles enlaces de la molécula de benceno, al quedarse dormido en su silla colocada al lado de la hoguera; y donde le llegó un sueño, y pudo visualizar la imagen de una culebra mordiéndose su propia cola. Y al despertar, anotó la similitud de los electrones girando alternativamente en un anillo con enlaces dobles y sencillos. Y es lo que hoy se conoce como compuestos aromáticos. Aromático, no haciendo referencia a la palabra aroma, o porque estos compuestos tengan un aroma exquisito, sino porque los electrones giran en forma circular o en un aro, confiriéndole a esas moléculas que los contienen, una gran estabilidad química.

Y este proceso de la estabilidad aromática de las moléculas, es el que aplicamos, para considerar, que a la base *guanina* que forma el ADN, le ocurre un tautomerismo, porque al volverse relativamente más estable, esta estabilización aromática, produce una mutación. Ya que *guanina* con una forma enólica, se puede acoplar con la base *uracilo*, en lugar de ser con *citosina*, cuando la *guanina* en el ADN normal tiene que ser cetónica. Y esto es lo que tomamos como una condición química, para que se origine orgánicamente el cáncer, lo cual afecta indudablemente, un problema serio en el acople del espíritu con la materia del cuerpo.

También es la razón de por qué el organismo humano no puede sintetizar de los veinte aminoácidos que se necesitan, y ocho de ellos tenemos que procurarlos en la dieta, ya que por esa connotación de ser aromáticos el cuerpo no los puede producir, y por eso son llamados esenciales. Los únicos seres vivos que pueden fabricar estos aminoácidos aromáticos, son las plantas. De tal forma que también es una buena razón para que el ser humano se convierta en vegetariano, o que para el sustento diario de sus células no tenga que comerse la carne de otro animal. Los animales carnívoros, obtienen estos aminoácidos aromáticos, cuando se comen a un animal vegetariano de la cadena alimenticia. Pero será por eso, que los animales carnívoros, tienen la sangre más ácida que los vegetarianos, y en ese grupo de veganos, están incluidos los humanos.

Y el conocimiento de la forma correcta de cómo alimentar las células que conforman el cuerpo, y luego el buen comportamiento, junto con la autosugestión, esa será la mejor manera de formar integralmente a los estudiantes, porque realmente estarán conscientes de la importancia de su preparación intelectual como personas que guían. Y, al conocer el proceso para sí mismos, podrán guiar con un criterio más claro y eficiente, para que otros no cometan tantos errores. Porque al sacarlos del desconocimiento en cuanto a la forma de cómo alimentarse, lograremos minimizar la concurrencia de tantas enfermedades, que afectan o retrasan el buen desempeño del espíritu a través del cuerpo.

De tal manera, que para la comprensión de uno mismo, la autosugestión será una herramienta valiosa, porque al conocernos, podremos saber los conflictos psicológicos que nos perturban; pero también los de otros. Y así podremos ayudarlos a salir de la confusión emocional, o que esté impactando el buen desempeño de sus vidas; o para que ellos también logren alcanzar sus metas y objetivos, y el propósito o la razón de vivir. De esta forma, podremos ayudar a educar y dirigir creativamente la imaginación, ya que esta es la fuente original de las obras más grandes que el hombre haya hecho sobre la Tierra. Aunque también, es lamentable, que esa imaginación sea mal dirigida, porque pueden resultar como la causa de angustia y destrucción, mediante el acto más absurdo de una guerra, la cual es alimentada por la falta de una correcta disciplina psicológica, que de hecho, conducirá al odio por los demás, el egoísmo la maldad y la mezquindad, como algunas de las tantas cualidades endosadas únicamente para que sean manejadas por el ser humano. Tal como lo explica Mark Twain en su libro «Cartas desde la Tierra».

En este caso de la imaginación, las religiones tienen una influencia bien importante en el acondicionamiento mental del Ser humano, casi desde el momento de su nacimiento, lo cual se hace más peligroso, cuando junto con esa idea, se infiltra el fanatismo y se deja a un lado el estudio científico. Por lo cual, se puede caer en el hecho de creer que «yo solamente tengo la razón». Porque esa aptitud luego se transformará en el inexplicable odio religioso hacia el otro, en caso de que esa razón propia no sea reconocida o complacida. Es lo que creó una gran discordia entre la iglesia romana y la iglesia ortodoxa, cuando ambos papas se excomulgaron mutuamente. Pero matar a otro creyente por creer que con ese acto estamos defendiendo a un dios, o que seremos recompensados o perdonados por este, es sin duda alguna, una gran abominación. Otros se inmolan en el nombre de dios, pero arrasan con ese acto a muchos inocentes, o aquellos que nada tienen que ver en estos conflictos psicológicos.

Y dice George Orwell en una de sus cartas: «Pero si uno proclama que 'todo es por una buena causa' y no reconoce los síntomas siniestros, en realidad sólo está ayudando a fortalecer el totalitarismo». «Mientras escribo esto, seres humanos muy civilizados vuelan sobre mi cabeza tratando de matarme». «Ellos no sienten ninguna enemistad hacia mí como individuo. Yo tampoco hacia ellos. Sólo están 'haciendo su trabajo'. La mayoría de ellos, no tengo ninguna duda, son buena gente, y jamás cometerían un asesinato en su vida privada. Por otro lado, si alguno consigue matarme hoy, tampoco tendrá ninguna pesadilla 'está sirviendo a su causa' y eso parece que les absuelve todo el mal que hacen».

Y el conflicto del Medio Oriente, está alimentado en gran parte por este hecho de índole religioso. En el momento en que estoy escribiendo esto, veo la noticia de que la señorita Iraq tuvo que abandonar su país con toda su familia, pues la amenazaron de muerte por haberse tomado una *selfi* con *miss* Israel. Es lo que también lleva a las guerras, o incluso a la antipatía colectiva por otras cosas tan absurdas como el fanatismo por un equipo de futbol, o también en la diatriba política, cuando esta se alimenta con el ingrediente del rencor hacia el otro, que muchas veces es reforzado por un factor llamado complejo de superioridad, donde una parte considera que la otra no es importante.

En otros casos, ese odio es atizado de forma intencional por un poder externo, como una manera de engendrar un conflicto entre los propios habitantes, para ellos sacarle provecho al conflicto. O cuyo único objetivo es lograr la dominación y aprovecharse de los recursos naturales de más valor, y de aquellos de importe energético. Es lo que conduce a las lamentables guerras civiles donde la gente buena es obligada por la gente mala a tomar parte en la escena de un conflicto, y donde ninguno de los dos bandos ganará absolutamente nada, sino que todo lo aprovechará el factor externo quien de forma burda, engrosa sus ventas, incluso vendiéndole la misma clase de armamento a los dos grupos en conflicto. Porque su único interés es el comercio; y para ello, se valen de las tensiones psicológicas, que incluso ellos mismos provocan con esas claras intenciones, aprovechándose de estas mismas reglas psíquicas inducidas. «Parece obvio que la situación producida con la aplicación de la técnica a la guerra no puede seguir avanzando en la misma dirección, si la técnica no es conducida por la ética es una potencia ciega que amenaza y atemoriza al hombre.» O en un gobierno con buenos propósitos se infiltran los corruptos, quienes bajo chantaje, «ayudan» supuestamente al gobernante, pero sólo con el propósito de mantener ocultas sus malas intenciones. Y estos son los personajes más siniestros de los que puedan existir en la política, porque a ellos no les interesa el colectivo sino sus bajas intenciones. En muchos casos se practica el nepotismo, es decir, que el corrupto nombra a un familiar para que este ocupe un cargo importante, con el único propósito de asegurarse su propio beneficio. También se conoce como «abrir puertas».

Pero volviendo a Max Born como el artífice pensante de la teoría atómica, ya que él mantenía un estrecho contacto con Albert Einstein, y este incluso le solicitaba opiniones, y con Einstein, otros científicos de la época construyeron sus teorías gracias a la mente aguda de Max Born, así que él era como el genio al cual acudían los genios para pedir opiniones. Porque gracias a sus ideas fue que se elaboró una nueva concepción científica del Universo, y para esa época él se refiere a esa generación que se dedicó a la ciencia por la ciencia; porque creyó que esta aportaría grandes frutos para la causa humana. Pero esa generación fue impactada también por los acontecimientos mundiales, cuando, en agosto de 1945, se arrojaron sobre dos ciudades japonesas las primeras bombas atómicas».

Y los grandes científicos, poseen las llaves que abren las puertas de los grandes misterios, pero al embelesarse ante la maravilla que significa acertar en la explicación de un nuevo fenómeno, no se dan cuenta, que detrás de ellos caminan sigilosamente, aquellos que sólo esperan los resultados del trabajador científico, para obtener un beneficio económico, de lo que ellos no pueden lograr mediante su propio pensamiento. Son otro ejemplo de los expensalistas, pero en este caso el poder económico los hace influyentes en la economía, la política y las luchas sociales internas de los países. Y finalmente en las luchas por el poder, alcanza a la necesidad de querer apoderarse de otras naciones con la idea de expandir el límite de un territorio que no es de ellos.

La bomba atómica no fue, sino el último eslabón de un largo desarrollo previsible desde mucho antes, y que arrastraría hacia una gran crisis. Posiblemente hacia una catástrofe definitiva y devastadora de la humanidad. Porque la idea se escapó hacia quien no sabe utilizarla, sino con malas intenciones, y la esperanza de evitarla, solo podía basarse en la comprensión del camino que les condujo a esa situación. Es por ello, que Max Born se dedicó a difundir los peligros de la guerra nuclear y a la lucha contra la guerra y el militarismo. Porque pensaba Max Born, que sólo un espíritu militar consciente podría representar la diferencia entre la guerra en un caso, y asesinato en serie en el otro. Pero el resultado será idéntico en ambos casos, parecido a como lo narra Orwell en Motimer. O en su carta dice Max Born: «muere gente inocente e indefensos; ancianos, mujeres y niños, que solamente son utilizados para alcanzar un fin ambicioso político o militar, que está sembrado en la mente de quienes tienen el poder económico». Y agregamos nosotros, que lamentablemente estos ricos con dinero son los más pobres intelectualmente.

Y para esa época, planteaba Max Born, que en la trágica situación que afronta la humanidad, se considera que los científicos deberían reunirse en una conferencia, para asumir los peligros que han aparecido, como resultado del desarrollo de las armas de destrucción masiva: «...En esta ocasión hablamos, no como miembros de una u otra nación, un continente... sino como seres humanos, miembros de la especie humana, cuya continuidad de existencia está en duda. El mundo está lleno de conflictos, y sobre todo, de grandes luchas entre un comunismo y un anticomunismo» O entre las diferentes clases sociales.

Es por esto, que en 1955 Bertrand Russell apoyado por Albert Einstein, firman el manifiesto de Russell/Einstein, donde todos los firmantes, alertaban de la peligrosidad de la proliferación del armamento nuclear. Y solicitaban a los líderes mundiales, buscar soluciones pacíficas a los conflictos internacionales. El manifiesto fue firmado por once científicos e intelectuales de primer orden; y el más notable de ellos Albert Einstein (unos días antes de su muerte) además de Max Born, Russell, Percy W. Bridgman y Leopold Infeld entre otros. Y dicha declaración fue enviada a jefes de estado y a los gobiernos de países poderosos, con el propósito y objetivo final de alcanzar la paz en el mundo, y por lo tanto evitar las guerras, ya que la paz es la única esperanza para que la humanidad pueda sobrevivir.

Pero hoy en día dicha declaración ha sido ignorada, así como tampoco, limpia totalmente de culpa a los científicos, quienes (para no tener preferencia por ninguno) se le da un premio nobel a un belicista o a alguien quien haya inventado un arma letal; o incluso, se influye para que el nuevo papa que sea nombrado por un tal humo blanco, sea el que más nos conviene según nuestros intereses. Y si no es así, que siga saliendo el humo negro, hasta que el humo blanco nos complazca. Pero lo que no sabemos, es quién está detrás y enciende esa fogata que provoca o que hace que salga el uno o el otro humo.

Pero ahora mismo, cuando estoy tratando de documentarme para poder relacionar esto con la química del pensamiento mal dirigido, existe una gran amenaza sobre Corea del Norte. Sin embargo, la pregunta es, ¿quién motivó a que Corea del Norte desarrollara sus armas nucleares? Porque cada quien debería retirarse a ocupar la demarcación o frontera que le toca, y botar al espacio interestelar las armas nucleares para que no causen más daño a las especies que viven sobre la Tierra. Una demarcación de espacio geográfico que por cierto no debería de existir, pues las tierras y la Tierra nos pertenece a todos por igual. También se sabe que el sonido se propaga en el agua a una velocidad cinco veces mayor que en el aire, por lo cual, las pruebas atómicas en el mar, también causan un enorme daños a los seres que viven allí en el agua.

Pero indudablemente que todo este conflicto tiene que ver con las reservas energética, tal como lo previera una de las observaciones más precisas que se conozcan, como fue lo que en el año 1898 dijera el Marqués de Salisbury Robert Arthur Talbot Gascoyne-Cecil en Londres: «Las naciones vivas se irán apropiando gradualmente de los territorios de las moribundas; y surgirán rápidamente las semillas y las causas de conflictos entre las naciones civilizadas. Naturalmente, no debemos suponer que a una sola de las naciones vivas se le permitirá tener el beneficioso monopolio de curar o desmenuzar a esos desafortunados pacientes».

De tal manera, que la autosugestión bien dirigida, en definitiva, debería tener como objetivo primordial, que esas perturbaciones sociales desaparezcan de cada individuo; y luego, definitivamente en colectivo, para encausar el buen comportamiento de la raza humana hacia una convivencia alegre, o al menos de saber que todos formamos parte de este Universo; y que al final, todos nos reconozcamos, y que el Universo es la creación más importante. O porque somos la energía más sutil que existe, y la más transcendental, ya que es la única energía capaz de observar y reconocer todo lo demás que ha resultado o creado. Pero luego como seres encarnados, podremos, como científicos, abrir los grandes portones que encierran los misterios, para aprender a moldear la energía que se ha convertido en materia, y darle forma y tocarla, utilizando ese don que nos dan los sensores químicos, y mediante los cuales, podemos proyectar o redirigir nuestros pensamientos, con el fin de demostrar nuestras destrezas y capacidades como espíritus creadores.

Conocernos nosotros mismos, también sería equivalente a reconocer, que esa energía sutil que nos anima, lo hace de la misma forma sobre todos los Seres vivos. Y aunque en un estado espiritual distinto al de nosotros, los demás Seres, también son conscientes de la existencia del Universo. Pero que respecto al cuerpo físico, puede que algunos de ellos, por estar formando parte de otra clase de cuerpo, debido a las perspectivas y el razonamiento más limitado, se les haga más difícil tener consciencia de ese conocimiento, pero esto tampoco es necesario, para que nosotros podamos reconocerlos como seres vivos.

Y será porque la capacidad de conocimiento, también depende del desarrollo neuronal, ha sucedido, que el cerebro del ser humano se ha constreñido en la caja del cráneo. Pero este grado de desarrollo neuronal alcanzado, más bien debería hacer al ser humano más responsable por sus actos. De tal forma, que como seres humanos que hayamos alcanzado o logrado ese discernimiento, nos impone la gran responsabilidad de respeto y el reconocimiento hacia los demás Seres. No importando si estos son humanos o no, porque no hay nada más grande que cultive y abone la empatía entre dos personas que aquel reconocimiento mutuo. Y al hacerlo, desde luego que la Tierra se convertirá en algún momento, en una morada ideal, donde podamos regresar una y otra vez, para enriquecer nuestro progreso emocional y espiritual, haciendo de ella un lugar de alegría y de convivencia entre todos y para todos. Trabajando por el buen cuidado de la madre Naturaleza, quien se viste de verdor exquisito y de flores hermosas en cada nueva primavera, y donde la música del canto distinguido de las aves, son los más agradables para caer en ese sueño hipnótico que nos hace ser partícipes de la excelencia de la Madre Tierra. Porque un planeta por muy hermoso que sea, o incluso el Universo físico, sin la participación de alguien que lo palpe, y lo reconozca como creación no tendría ningún sentido. Es como decir, que si nosotros no existiéramos, el Universo sería solamente como una escoria universal.

7 AUTOSUGESTIÓN Y SUEÑOS

Pero en todo caso, para aquellos espíritus más conscientes, es que la mente puede ser educada de nuevo, si se logran sustituir aquellas imágenes erróneas por las deseadas; empleando para ello, los métodos adecuados y distintos a aquellos que nos indujeron a formar los conceptos erróneos. Y a partir de ese momento, la situación que nos provocaba la incomodidad, estará bajo nuestro control. Ya que ahora la decisión es nuestra, porque durante la infancia, a lo mejor dependíamos necesariamente de otros para el desarrollo de nuestro intelecto. Y el ser humano, puede de hecho, seleccionar entre los innumerables objetivos que le brinda la vida, con el fin de moldear la conducta, que solamente él desea, o aquella que le permita decidir lo que realmente quiere ser, y hacia dónde pretende llegar realmente. Pero lo más importante, es saber que existe otra oportunidad para cambiar, eliminando aquellas trabas psicológicas que nos retrasan, o que son innecesarias, porque nos obstaculizan. O que incluso son perjudiciales para nuestro fin social y evolutivo.

Podemos ser útiles mediante un servicio, o hacia una causa, si es eso lo que deseamos o necesitamos; o ser más inteligentes y felices, ya que la cota de inteligencia no está dada como un don exclusivo, sino que el poder de la imaginación, se va cultivando y desarrollando en su preciso momento. Es algo que se va ganando o adquiriendo de manera consciente. Lo cual puede suceder más en algunas personas que en otras, porque depende con que rapidez con la que cada quien concurra con ese ascenso hacia la cima. O porque cada quien tiene en su existencia, una oportunidad que le es muy particular, o según sus habilidades; o incluso, sus limitaciones. Un caso de estos, es el de Henri Poincaré, quien por tener una afección visual, no lograba ver lo que su maestro explicaba en el pizarrón, y su único recurso, era cerrar los ojos y utilizar su imaginación, para poder proyectar en la pantalla de su mente, con el fin de lograr captar mejor, lo que su pedagogo explicaba. Y esa limitación visual fue aprovechada, y capacitó a Poincaré, para desarrollar su imaginación, y así convertirse en un gran científico, capaz de resolver problemas reales y más complejos, pues todo ese dominio analítico, dependía de su habilidad para imaginar. De tal forma que podemos aprovechar nuestras destrezas; o cambiarlas, para que al final de nuestra estadía, podamos sonreír desde esa cima de la satisfacción, por el hecho de haber llegado allí por nuestra propia cuenta y decisión; o haber aprendido a cómo planificar nuevas estrategias; escoger objetivos y llegar a ellas, para, como dijo Abrahán Maslow, poder sentirnos realizados.

Algunos atribuyen el éxito o el fracaso a la llamada buena o mala suerte, cuando en realidad todo depende exclusivamente de las buenas o de las malas estrategias. O incluso, de una acumulación de buenas o malas experiencias. Son todas estas prácticas, las grandes posibilidades abiertas, pero no son como asignadas para la utilidad de unos pocos, o que se consideren predilectos, sino que están disponibles para todos los seres humanos, sin importar la raza, posición social o creencias devotas.

De tal forma, que la autosugestión, se basa indudablemente, en la proyección correcta de las imágenes mentales con gran nitidez. Colocándolas en la pantalla de la mente. Y para poder lograrlo, tenemos que estar en un estado de quietud. Porque la memoria física, no es más que el rescate de esos eventos que nos quedaron impresos en forma de imágenes, pero que luego, al encontrar otra imagen igual o semejante relacionada con una palabra, al oírla y compararla, instantáneamente logrará que el cuadro entallado, surja en forma de recuerdo, y se desencadenen la proyección de los demás eventos relacionados con esa única imagen. Muchas veces para poder recordar algo, lo mejor es asociarlo a una imagen que sea fácil de

visualizar, o dar gritos para entallar la imagen en el hipocampo. Será por eso, que el hipocampo se desarrollará más
tarde en la niñez, porque en los primeros años toda la energía
está destinada a afianzar los órganos vitales, que serán coor-
dinados bajo los criterios de la memoria del hipocampo. Pero
a esa edad infantil, todavía no seremos capaces de manejar
tanta información relacionada con la forma de vida, sino más
bien que es necesario el instinto, para poder consolidar las
condiciones, que nos haga capaces para poder manejar la información que emana desde la mente. Y luego, cada quien se
irá adaptando a su propios criterios.

Los tibetanos enseñan, haciendo énfasis en las palabras, pro-
nunciándolas en voz alta, y golpeando las palmas de las manos de manera insistente ante el estudiante. Y con este sistema de enseñanza, las frases quedarán grabadas de manera
más eficiente en el discípulo. Y el estado de quietud, o para
que otras imágenes no interfieran, los estudiantes tibetanos
están colocados de espalda al profesor. Se pudiera decir que
esa quietud para minimizar la interferencia de otras imágenes,
lo lograba Poincaré cerrando los ojos, con lo cual evitaba la
desviación de su imaginación hacia otros objetivos, que no
estaban relacionados con la enseñanza que en ese momento
él estaba recibiendo.

De tal forma, que para poder enfocarnos en nuestro objetivo,
necesitaremos de la quietud, y mantener los ojos cerrados,
como una forma de apagar o minimizar la interferencia de los
demás sentidos. Y la música, o un aroma específico acorde con
nuestro gusto, nos puede ayudar a evocar mediante el acto
reflejo nuestra quietud. Parecido a como lo hacen los entre-
nadores de animales. También existen sustancias que pueden
borrar definitivamente la memoria, pero por razones obvias,

acertadamente no se dio a conocer el nombre de esta droga, ya que su uso, la convertiría en una de las armas más inhumanas que pudieran ser utilizadas por el bioterrorismo. Sería equivalente a borrarnos la química del pensamiento.

El cerebro funciona como un *modem* o transductor, que permite conectar el estado mental de la energía que conforma el espíritu, con la vista física o corporal que se va descubriendo en el mundo tridimensional. La cámara televisiva de los ojos, transmite esas realidades o imágenes que se van identificando, mediante el enfoque de la lente ocular hacia la pantalla mental. La intensidad luminosa forma puntos, debido a los diversos claros y sombras. Es decir, rayos de luz con diferentes intensidades, que luego deben ser transmitidos hacia la retina. Y esta gama de puntos son convertidos en señales electrónicas, que finalmente, se transformarán en imágenes en la pantalla del cerebro que tal vez está impregnada con una clase de proteína llamada *luciferina* que debe funcionar parecido a los *leds*, que se excitan con el paso de la corriente eléctrica. Y las imágenes más lógicas y nítidas se grabarán mejor, porque hay una mayor cantidad de puntos excitados que impresionan, y son las imágenes que se fijan en el hipocampo. O será por eso, que funciona o es eficiente el método de enseñanza tibetano. Pero no vamos a pretender que en el hipocampo se asienten todas las imágenes, tanto las lógicas y las absurdas, porque sobresaturaríamos innecesariamente la capacidad de almacenamiento del hipocampo.

O digamos, que el cuerpo energético que forma el espíritu, tiene una actividad electrónica perenne que no se puede apagar o pausar; y se alimentará continuamente de las imágenes que se van enfocando, mediante las cámaras visuales en el estado de vigilia hacia el hipocampo. Es decir, el espíritu realmente no descansa porque es energía. No así el medio físico, o sea, el cerebro, por lo cual lo podemos pausar para enfocar mejor el objetivo. Pero luego mediante el sueño, el cerebro tiene que reposar, dado que la actividad intensa de visualización, le creará una fatiga, a la que muchos han dado el nombre de estrés.

Así que la única o mejor manera de ofrecerle una pausa al cerebro, es «apagando las cámaras», como por ejemplo, mediante la relajación, o cuando nos quedemos profundamente dormidos. En este sentido, si no podemos dormir, lo mejor es practicar la relajación en forma deliberada, cuando estemos conscientes, que el cerebro necesita de ese lapso de descanso, practicando la respiración en cuatro tiempos.

Y por lo general en la primera etapa del sueño o descanso, esta fase es muy profunda, pero a medida que el cerebro va aliviándose de la fatiga ordinaria, comenzará de nuevo a generarse la actividad nerviosa, que aunque sea de más baja intensidad, seguirá formando imágenes, porque no se ha desconectado totalmente la energía del espíritu con el cerebro. De tal forma que toda la actividad energética, seguirá funcionando en un segundo plano. Sólo que las cámaras están apagadas, y las imágenes que recibe de esa manera tenue la pantalla mental de la *luciferina*, y son encoladas unas con otras, como un enjambre de retratos colgantes. Y es lo que explica la lógica de los sueños, aunque la historia final del sueño sea absurda.

Luego en el estado de vigilia, podremos controlar mejor la actividad, porque logramos enfocar mejor el objetivo de nuestras cámaras. Es decir, los ojos, en comparación con el estado de sueño. Lo cual quiere decir, que solamente mediante un estado de relajación consciente, lograremos enfocar y controlar las imágenes deseadas, porque realmente que estamos despiertos pero con los ojos cerrados. Con la gran ventaja, que al disminuir la actividad electrónica del cerebro, también contribuimos a que este se apacigüe mediante el receso; y así podamos, efectivamente, o por medio de la relajación, ofrecerle un descanso más eficiente al cerebro. Incluso más placentero que en el estado de sueño. Es por eso, que 20 minutos de relajación profunda, son equivalente a haber dormido unas cuatro horas de sueño fisiológico. Pero la otra ventaja, es que antes de apagar las cámaras, las podemos dejar enfocadas hacia las imágenes de algún problema que queramos resolver, y esa tarea de buscar una solución, también seguirá funcionando en un segundo plano durante el sueño orgánico.

Y dado que toda partícula en movimiento genera una corriente eléctrica, y a su vez un campo electromagnético, este campo electromagnético a su vez autoalimenta la corriente eléctrica, la cual a su vez mantiene la partícula en movimiento. Es decir, que el movimiento de la partícula, es lo que genera la energía que a su vez se genera por sí sola. Y es lo que nos mantiene en una actividad perenne, que a su vez formó la masa, y que presiona para mantener una actividad constante, tanto en el mundo físico como en el espiritual. Y si este movimiento de los *almatrinos* a gran velocidad, fue lo que perturbó el más pequeño espacio que podamos imaginar, y así se formó enorme la energía y la masa del Universo. Desde luego, que podemos imaginarnos, cuántas cosas podremos lograr con este conocimiento, al saber cómo manejar nuestra energía que está en constante movimiento.

Pero tal vez, que esa radiación emanada en forma luminosa, es lo que muchos identifican como aura, y ha sido quizás el origen de un fenómeno atribuido erróneamente al efecto de la fotografía kirlian, o la de los fuegos de San Telmo que se observan en el mástil de las embarcaciones en alta mar. O el de las puntas agudas de las cruces metálicas en las lápidas de los cementerios, que muchos relacionan con las apariciones fantasmales, y también con el efecto de la fosforescencia por el fósforo de los huesos. Pero es de pensar, que sería completamente inútil que un espíritu hecho por *almatrinos* y *urdires*, luego de tanta lucha para nacer y sobrevivir, y que partió de algún lugar del Universo, ahora tenga que vivir en la Tierra, cuidando su osamenta en un campo santo. Y eso realmente que no tendría mucho sentido como espíritu, porque sería perder el tiempo innecesariamente.

Pero volviendo a lo nuestro, y ya para adentrarnos un poco más en la práctica de la autosugestión, es necesario conocer otras definiciones, que engloben ese concepto psicológico. Porque además, es bueno saber el origen de las mismas, con el fin de darle un poco más de seguridad a nuestra práctica. Cuyo objetivo último, deber ser, como se dijo, convertirnos en Seres con una capacidad y sentimientos más elevados. Pero digamos, que han sido los psicólogos quienes han estudiado más el comportamiento de los humanos que el de los demás seres, al cual algunos llaman animales utilizando experimentos controversiales, tales como el de alimentar a un bebé chimpancé con una madre de trapo, en lugar de estudiar el comportamiento de una comunidad entera de orangutanes. O los encierran con el fin de experimentar medicamentos, o incluso cosméticos para los humanos, así que se requiere de una nueva ética para realizar experimentos con los animales.

Porque incluso la palabra animal se emplea como un oprobio hacia el propio ser humano, como una manera de ofenderlo.

Pero en cuanto al ser humano, fue en el siglo XVII, cuando el psicólogo y filósofo francés René Descartes, planteo por primera vez, el dualismo entre la mente y el cuerpo; es decir, él percibía al ser humano, como dos entidades que funcionan de manera independiente. De tal manera, que según Descartes, el cuerpo no sería más que un agregado de partes que podían accionar de manera separada. Mientras que el alma, podía llegar a actuar de manera sola; es decir, sin la necesidad del cuerpo.

Pero en el Siglo XIX otros científicos, entre los que estacan Darwin, Spencer y Wundt, modifican ese concepto de la dualidad cuerpo-mente, probando, que la mente tenía una influencia directa sobre el cuerpo, y que las reacciones corporales, también se soportaban por un influjo directo sobre la mente. Así que para ellos, ahora la mente y cuerpo conforman una sola identidad funcional. Incluso un químico también de origen francés, Antoine Lavoisier, enunció, que la vida no es más que una actividad química. Pero hoy decimos, que la mente necesita del cuerpo y de la química del pensamiento para poder expresarse en el mundo tridimensional, porque como energía solamente, sería imposible tocar los objetos para percibir la forma, la textura y la temperatura de estos, o emitir los sonidos para hablar y poder comunicarse. Y esto no se logra, sin un conjunto de sentidos necesarios, entre los cuales, el más importante sería el tacto y sus sensores. Y el conjunto tiene que funcionar de esta forma, o algunas veces consciente y otras no, porque existen actividades autónomas o que no dependen de nuestra voluntad. Por ejemplo, la actividad cardíaca, renal y hormonal, y otras de carácter funcional que no pueden ser delegadas de manera exclusiva a nuestra mente.

En el estado de vigilia, la mente es más difícil de controlar, como se dijo, porque las cámaras de enfoque están encendidas; y aunque funcionen bajo nuestro control, aun así solamente las podemos dirigir hacia objetivos específicos, en comparación con el estado de sueño fisiológico, donde el enfoque no está bajo nuestro control. Porque al estar despiertos fisiológicamente, tendremos que atender o satisfacer al mismo tiempo, diversos estímulos provenientes del mundo tridimensional. Lo cual quiere decir, que no podremos apuntar el objetivo hacia nuestros claros pensamientos. Además tampoco podremos satisfacer en un segundo plano, las órdenes necesarias para los procesos autógenos internos. Así que la única manera de lograrlo, es como estando en un estado de quietud consciente, para tratar de influir mediante la autosugestión sobre la mente. O con el fin de diseccionarla mejor, se tiene que estar preferiblemente bajo una condición de tranquilidad inducida, la cual podemos imaginarla como algo equivalente a estar dormidos pero en un estado consiente. Ya que si pasamos al estado de sueño fisiológico, ya no tendremos control sobre nuestro instinto; y la mente solamente divagará, tratando de realizar el ordenamiento de imágenes de una manera secuencial, como ya fue explicado.

O escuchar tendidos la música y los sonidos cualquiera que estos sean, no servirá de nada, hasta que no provoquemos en la mente lo que queremos corregir o lograr. Y es de allí, que surge la necesidad de aminorar tanto la rigidez muscular como la tensión nerviosa, y las diferentes interferencias; ya que una tensión nerviosa será siempre patológica, pero dentro de esta, existirán aquellas que son provocadas deliberadamente. Porque tal vez, o por ejemplo, luego de una gran tensión nerviosa puede sobrevenir automáticamente la relajación nerviosa. Como en el acto de subirse en una montaña rusa para experimentar el vacío corporal por la anti gravedad, lo cual a su vez, incrementa la segregación de adrenalina, que luego del acto, nos hará sentir como en un estado de sosiego.

Algunas personas tratan de hacer aquellas cosas que los demás no se atreverían, como una forma de acometer un reto único. Por ejemplo, la sensación que dicen sentir algunos, al agarrar y tener entre las manos una culebra. Un acto que para algunos podría causar miedo, porque desde niños nos dijeron que las culebras son peligrosas, o las vimos por primera vez dibujadas en el panfleto de Adán y Eva, como el símbolo imaginado de la tentación. Que de paso, fue producto del pensamiento de alguien, pero que se quedó, afectando la mente de muchas generaciones, quienes algunos todavía hoy creen que eso es verdad. Y que el dolor del parto se debe a ese acto. Parir debe ser doloroso, porque es necesario que se dilaten, o incluso que se desgarren los músculos; y se supone que cualquier acto de esta naturaleza por la rasgadura, conlleva a una dolencia, pero no como la consecuencia de un castigo asignado por un capricho divino.

8 SUGESTIÓN AUTODIRIGIDA

Así que el objetivo será siempre, el de ser capaces de controlar la tensión nerviosa. Pero no sin antes, lograr calmar la tensión fisiológica; ya que la tensión nerviosa, será siempre patológica, cuando esta provoque o exagere la tensión fisiológica. La clase de relajación, también la va a definir la función que esta cumpla, o según el caso de que esta sea provocada o espontánea. Así por ejemplo, el desmayo es una relajación pasajera que puede ser necesaria pero patológica; mientras que el descanso luego de una sesión de entrenamiento, puede ser una relajación de carácter fisiológico.

La vida moderna, nutre de manera constante la tensión patológica, cuando el individuo vive aferrado a un teléfono móvil, que esté vinculado con lo que se le induce a través de las redes sociales. Y algunas veces divulga los mensajes, sin ni siquiera evaluar antes, u objetivamente su contenido; o incluso las malas intenciones que van implícitas. O las noticias trágicas, serán las más apropiadas o escogidas, porque estas impactan más en el incauto que aquella información positiva, aprovechándose generalmente de la incapacidad de aquel cerebro, que por su bajo criterio, puede ser inepto para manejar la sumatoria de todas esas tensiones impuestas. Y la información se divulgará más rápido entre los expensalistas. Pero estas simplezas, son las que conducen a la tensión nerviosa patológica. Son mensajes que captan con mayor rapidez aquellos expensalistas, porque ellos creen que todo lo que es falso es cierto, cuando la información viene de otros expensalistas, y se crea un «melodijerismo», o sea, me lo dijeron. Ver la televisión durante mucho tiempo, y aferrados a los noticieros que solamente informan noticias trágicas, puede llevar al odio colectivo e incluso hasta la locura.

De tal manera, que una vez que los criterios están bien claros, la relajación autodirigida, es una forma de poder controlar esta tensión nerviosa inducida, para crear un escudo que nos haga inmunes a esta serie de eventos, que algunas veces son negativos. Y esta frontera, debe ser o permanecer permeable al razonamiento objetivo, para que a través de ella, se puedan fijar solamente aquellas ideas útiles para nuestro crecimiento como personas inteligentes. O para que nos haga inmunes a las intenciones de quien las utiliza para influir en nuestra conducta, con el único fin de conseguir propósitos ya planificados para, y según sus intereses.

O la relajación, también puede ser mediante una droga, como el consumo de alcohol, fumar, ingerir productos naturales como el café, ciertas hojas de plantas, o los concentrados de estas hierbas modificados químicamente como estupefacientes. Esta clase de relajación química, tendrá su efecto, solamente durante el tiempo que dure la acción de la droga. Por ejemplo durante el trance provocado por ciertos hongos mejicanos, una forma *yaqui* de conocimiento en las «La enseñanzas de Don Juan» de Carlos Castañeda. Pero el efecto de la droga será siempre pasajero; ya que el hígado la va a neutralizar, porque al posicionarse en la sinapsis de las neuronas, la sustancia ingerida bloqueará el flujo de la corriente nerviosa, desconectándola del sistema nervioso central, que es precisamente lo que provoca el alivio de la tensión nerviosa, y estimula el sosiego pero de manera ilusoria y temporal.

O dar gritos en un culto religioso, conlleva a un letargo de la clase fisiológica, pensando que lo ocurrido se debió a un contacto con una divinidad, o que ellos son los únicos voceros autorizados para mediar entre la divinidad y el ser humano. Y quien mejor lo haga, ese pasará a ser el elegido para dirigir la iglesia. Y los devotos serán siempre los expensalistas, quienes solamente tratarán de imitar al médium para ver si ellos algún días logran ser dirigentes. Y los más sumisos, vivirán toda su vida conformados con solamente acudir al culto de la iglesia como un cumplido para el ser divino, porque según ellos allí encontraron una respuesta para sus enigmas, los cuales siempre serán relativos a la capacidad de quienes las entienden.

En cambio que mediante la relajación programada por uno mismos, pero consciente de nuestros verdaderos objetivos, se creará un control superior de la tensión muscular y la de los órganos, lo cual conduce automáticamente a la distensión nerviosa. Y al llegar a ser sistemática, su acción será provocada por nuestra propia voluntad. Y por la misma razón, su efecto será perenne o duradero para nuestra utilidad. Porque de esta manera, podremos recurrir a ella, siempre que la necesitemos o se requiera. Y esta relajación deliberada, tiene su basamento, en que el ser humano posee esa capacidad para controlar, mediante la acción de su propia voluntad, el tono muscular, utilizando las señales electrónicas que se emiten desde el cerebro. Las cuales actúan sobre sustancias químicas o neurotransmisoras, que son las que provocan la acción sobre el músculo. Tal como el caso de la *acetilcolina*, quien al recibir la descarga eléctrica en la sinapsis, se convierte en *colina* y *ácido acético*. La *colina* provocará la tensión que acciona el movimiento, pero luego la enzima *acetilcolinesterasa*, convierte de nuevo la *colina* en *acetilcolina*, creando la distensión, para que el músculo quede prevenido y pueda recibir otra descarga eléctrica en ese ciclo, que es lo que nos convierte en seres activos biológicamente. O como en el caso de la enzima *luciferasa* que se activa con el oxígeno para producir las imágenes mentales. Así que es una buena razón para controlar el ritmo respiratorio y ejercitar la capacidad de los pulmones.

Es de esta manera, que la química ejecuta mediante la *acetilcolina*, la acción del pensamiento. Por ejemplo la pieza vocal de la ópera La flauta Mágica «Reina de la Noche» de Mozart, requiere que una soprano posea un espectacular dominio de su coloratura, o colorido vocal, y puede ser un buen ejemplo del dominio del movimiento ejecutado por la *acetilcolina*. Al descomponerse la *acetilcolina*, dejará libre el *ácido acético* junto con el *ácido láctico*, cuando la producción de la energía se va por la vía de la glicólisis, como se dijo, es decir, sin la necesidad del oxígeno, y esto creará la fatiga muscular al final del día, o luego de aquellos ejercicios extenuantes. De tal forma, que la *acetilcolina* es la que provoca la tensión y la distención muscular. Y como se ve, el accionar de esta, se produce desde una orden electrónica emanada desde el pensamiento, y esto es lo que explica químicamente, la enorme necesidad que tiene la mente sobre el cuerpo, y las respuestas del cuerpo a las ideas, y las emociones sugeridas, como en el caso de la hipnosis, y aquellos reemplazos mediante la autosugestión. En los animales, esta relajación química se produce igualmente, pero mediante un estado de sueño fisiológico más frecuente, y donde se avivan más las alarmas para estar más alertas ante algún peligro.

En la relajación autodirigida, se consiguen cuatro variantes enumeradas así según su descubridor: así que E. Jacobson propone un tipo de relajación progresiva. W. Reich la relajación caractereoanalítica, que se basa en los masajes. La relajación dinámica o mediante el movimiento propuesta por A. Caicedo; y, finalmente la relajación autoconcentrativa de J.H Schultz. Los tres primeros métodos son dinámicos, pues comprenden movimiento muscular, y tal vez se fundamentan en una de las formas de relajación más antiguas como es el *Thai shi* (o Tai Chí) de China. Otras dinámicas o derivadas de estas, pudieran ser la bailoterapia, las posturas del yoga, los deportes extremos, acrobáticos, etc. En otras palabras, estas no son más, que el resultado de la búsqueda del pensamiento que provoque la descarga de una corriente electrónica a través de los cables que llamamos neuronas, que incluso pueden hacernos ver las imágenes, detectar un color, sonidos, sabor, peso, textura, formas, temperatura, etc., en un conjunto de fenómenos sensoriales que se han englobado en un solo concepto denominado háptica.

En el mundo moderno, y fuera del cuerpo, las formas o imágenes tridimensionales, se pueden construir electrónicamente mediante las llamadas técnicas holográficas; con el fin de impresionar virtualmente el cerebro, logrando que la imagen aparezca casi en forma real. Nos interesa aquí, porque sin duda es uno de los casos que provocan una expresión pictórica en el cerebro, utilizando para ello las impresiones que causan las imágenes como formas electrónicas. Al igual que los sonidos, que aunque reales, se les saca provecho, cuando estos fenómenos son llevados por las computadoras para formar parte de los raros virtuales. Tales como imitar la voz humana electrónicamente, o el transductor puede leer un archivos de texto escrito en forma electrónica. Aunque otras ventajas, es que mediante estos transductores, en un futuro podremos «comunicarnos» por ejemplo con nuestros gatos, porque mediante un sistema electrónico se podrá traducir el aullido en un archivo MIDI (abreviatura de *Musical Instrument Digital Interface*) que busque el equivalente a la voz humana, así que sabremos correctamente mediante la imitación del sonido, qué es lo que quiere decirnos nuestro gato. Otra enorme utilidad son los traductores de lenguaje, MLT, etc.

Y con el término háptica, se trata de describir de manera más amplia la ciencia del tacto, la cual debe actuar, pero no necesariamente en conjunto con la acústica y la óptica, porque tal vez podemos oír o ver las cosas sin la necesidad de tocarlas.

Pero mediante el uso solamente del oído y la vista no podremos palpar otras sensaciones; tales como el peso, la temperatura y la textura. De tal forma, que percibir el contacto entre seres vivos es la mejor forma de comunicar el afecto, ya que en el Ser humano, existe la necesidad de sentirse estimado y a la vez ser reconocido como miembro de una sociedad, y no importa para eso su condición o rango. Porque incluso, desde antes de nacer, lo primero que se va a desarrollar es el sentido del tacto, porque en algún momento se produce el reconocimiento por parte de la madre, que lo reconocen, y le dan a entender, que tanto él como ella existen.

Y estando precisamente en mi curso de autohipnosis, tuve la suerte de hacer una gran amistad, porque en el grupo, todos estaban elegantemente vestidos, pero pude observar a uno que estaba aislado, pues nadie le prestaba atención afectiva; y tal vez, porque su forma de vestir era muy humilde. Y al darme cuenta me le acerqué, y pude notar una conversación muy amena. Y nos hicimos buenos amigos. Luego, él me invitó a comer durante el receso del curso; y fuimos a uno de los restaurantes más lujosos de la zona, y al sentarnos, me dijo que él era el gerente de una filial petrolera, y que se vistió así, como una forma de evaluar, saber quién lo reconocía como persona, pero no por su forma o manera de vestir. Con eso aprendí, que en realidad todos los Seres vivos merecen ser reconocidos. Pero más, aquellos que más lo necesiten, porque se sentirán agradecidos. Y cuando estoy en un sitio importante, trato de acercarme y hablar con las personas más humildes; y él o ella se sorprenden y de pronto nos llegan con una tacita de café, como un regalo para retribuir ese reconocimiento. Y de paso, es el café más agradable que uno se pueda saborear, porque el reconocimiento y la amistad, verdaderamente que no tienen precio.

De tal manera, que todos los humanos, tendrán una enorme dificultad para sobrevivir, en caso de no desarrollarse correctamente el sentido del tacto, aunque tenga los demás sentidos. Se dice que el acto de saludar dándose la mano, era como una señal visual, de que no traemos malas intenciones del uno para el otro, y en eso se basa el reconocimiento, y el respeto mutuo que merecemos y el que se merece la otra persona. Y todavía se sabe, que la comunicación entre las personas, tiene que ir acompañada de la expresión corporal, tales como una mirada, un gesto o una sonrisa, porque de esta forma se hace más fácil enunciar un mayor sentimiento, que solamente mediante la palabra escrita. Por ejemplo la frase: «no encuentro palabras para poder expresarte todo lo que por ti siento», es realmente cierta. En los animales por ejemplo, no hay nada más agradable para ellos que el reconocimiento: tocarle la cabeza a un gato, a una vaca o a un perro, es muy agradable para ellos, porque al hacerlo, se les transmite afecto y reconocimiento; y por eso nos recompensan, y reconocen con cariño de una manera corporal, donde no es necesario el idioma sino únicamente el gesto. Algo que también es inherente y mutuo en la mayoría de los seres vivos; o porque al hacerlo, quizás nosotros también sentimos ese efecto de saber que lo estamos haciendo en señal de reconocimiento.

Tal vez la actitud de las fieras más peligrosas para o hacia nosotros, se debe más bien a que en algún momento rompimos ese ritual de reconocimiento; y ellas, solamente están predispuestas a defenderse mediante la emanación de sustancias. Si en lugar de darle la mano a una persona posamos nuestra mano sobre su cabeza, aunque sea brevemente, esa será la forma más agradable de transmitir ese reconocimiento. Besar la frente en lugar de las mejillas como señal de amistad, indica transmitir una mayor simpatía o cariño y respeto. Cuando se besa la frente en señal de ese reconocimiento, la otra persona, instintivamente cierra los ojos, con el fin de captar mejor y dirigir esa sensación, o sentirla más desde la háptica, que figurársela simplemente desde una perspectiva visual o acústica. O será por eso que si una persona se está peinando sin estar frente a un espejo, cierra los ojos deliberadamente.

Según Herbert Read, el sentido del tacto, puede considerarse como un elemento de comunicación básico en la mayoría de las formas de vida, pues no solo provee sentir el aspecto de la superficie y la textura, sino que además, es un componente necesario para la comunicación no verbal; por ejemplo, en las relaciones interpersonales. Pero que también, es vital para llegar a la intimidad física, como las caricias, los besos, abrazos o las cosquillas. Al tocarse el ombligo, se experimenta una gran sensación, porque esa era la vía de contacto para el alimento y la relación afectiva desde nuestra madre durante la gestación. También esos cúmulos de nervios están en mayor concentración en los labios, porque eran los que nos permitía detectar el alimento. Y en las manos, para poder agarrar y llevarnos el alimento a la boca. En la madre, esas sensaciones están más concentradas en el pezón, para, junto con la emanación de *oxitocina* que le hacía segregar la leche, ella sintiera un agradable placer al momento de amamantar al bebé. Y así, se estrechará el vínculo necesario que se graba de manera temporal en el subconsciente de ambos. Ya que por lo general no recordaremos más esa necesidad de alimento, o incluso el sabor de la leche materna; y, en cuanto a la mamá, el olvido también es inevitable, porque ella necesitará salir embarazada de nuevo, por lo cual, tendrá que romper el recuerdo con el uno para dedicárselo al siguiente.

Junto con estos se relacionan el desarrollo de los demás sentidos en los infantes, como por ejemplo, el de la agudeza de la visión o la del oído. Las personas invidentes, tendrán que desarrollar el sentido de la imagen visual interior, como se dijo, porque están en constante esfuerzo mental para poder imaginarse el mundo físico y las formas, capturando de manera constante también los olores para guiarse. O los sordos tendrán que desarrollar el sentido del tacto, para poder sentir las vibraciones que se transmiten a través de los sensores de la piel, o escribirlos en un pentagrama, como el caso de Beethoven. Y varios cantantes con afección auditiva, pueden escuchar la música en sus mentes, tales como el caso increíble de la cantante estadounidense Mandy Harvey, quien ha tenido que desarrollar cuidadosamente su sentido del tacto para poder interpretar sus hermosas canciones.

Se observa que en los chimpancés, el sentido del tacto está más desarrollado, porque cuando recién nacidos, ellos casi no pueden ver u oír, por lo cual se aferran fuertemente a sus madres. En los humanos y otros Seres recién nacidos, el estímulo táctil, auditivo y las caricias, también es importante para su crecimiento y posterior desarrollo de su agudeza visual. Observe por ejemplo una gallina emitiendo un sonido cuando encuentra la comida para sus polluelos. Ella no come, sino que invita a sus hijos para que lo hagan. Y mira constantemente hacia arriba; y si detecta un peligro, los protege con sus alas.

El sistema de percepción háptica es esencial, porque para ello, es necesario conectar mediante los neurotransmisores, todos los receptores sensoriales que están ubicados en toda la piel. Y la háptica, está estrechamente relacionada con el movimiento del cuerpo; de manera que se pueda tener un efecto sensorial sobre el mundo que se está percibiendo. Ver la lluvia, pero no escuchar su sonido, o la luz de un relámpago sin poder oír el trueno, no se pueden complementar para construir el efecto sensorial de nuestra emoción de sentir la fuerza de la Naturaleza a través de la lluvia. Y para el espíritu, vivir en un cuerpo sin el tacto, es algo inconcebible, porque no se podría captar, cómo es el mundo físico.

El concepto de percepción háptica, también está relacionado con la noción del contacto activo que se establece, durante una acción motora o de movimiento. Porque está se asocia el sistema sensorial, y a la llamada propiocepción psicológica extendida, que se utiliza para al utilizar una herramienta. Por ejemplo, un martillo para golpear como se dijo, nuestra percepción se extiende a través del mango del martillo para causar el efecto. O como cuando usamos un bastón para andar con los ojos cerrados: nuestra percepción es transferida de manera sensorial hacia el extremo final del bastón, para poder percibir la forma rugosa del camino; y es lo que nos dirige y alerta al caminar, cuando estamos privados del sentido visual.

Así que la pérdida del sentido del tacto, es una deficiencia que nos haría muy difícil para poder vivir en el plano físico. Y el tacto es más importante que la vista, pues caminar y mantener el equilibrio sin el tacto, será un acto casi imposible. Al igual que sostener objetos o utilizar o no correctamente algunas herramientas, tales como un bolígrafo para escribir, el martillo, etc. Esto también remarca la falta de destreza a la hora de ejecutar los movimientos del cuerpo, y crea, evidentemente, un desarrollo diferente en cada uno de los sentidos somáticos en general. Por ejemplo, la destreza de un jugador de futbol o de béisbol, o la dificultad que crea la duda, indecisión o inseguridad al intentar cruzar una calle. O el no poder aprender a cómo tocar un instrumento musical para obtener de este una melodía. El tacto puede, además de transmitir la idea de temperatura, peso, presión y textura; y, adicionalmente, darnos la presteza de desempeñarnos seguros ante los movimientos, para así poder palpar sensorialmente cómo son las características del mundo en el cual vivimos inmersos. Es decir, tener la sensación de que efectivamente existimos.

Desde el punto de vista neuronal, la háptica se refiere al aspecto sensorial que viene desde la médula espinal; lo cual incluye la sensación del tacto y la intercepción de los mensajes que viajan a través de las neuronas, y que se interconectan en un área específica del cerebro.

Y la mejor manera de lograr y mejorar la interconexión, es aprender a cultivar la autosugestión, la cual ha estado y estará siempre a nuestro alcance. Y si al caso vamos, es esta técnica, la que se utiliza consciente o inconscientemente para lograr el desarrollo de la capacidad de imaginar, o la que ha hecho posible el descubrimiento de la inteligencia artificial; la cual, una vez grabada como un fenómeno en los libros de enseñanza, las seguimos, sin saber que existe un potencial infinito en nosotros, y del cual disponemos para realizar nuestras propias creaciones. De tal forma que desde ahora, se nos abrirá un mundo inmenso de posibilidades creadoras; pero lo más loable, es que lo creado, se produce desde nuestra propia perspectiva, y de seguro, que será también para el disfrute o beneficio del resto de seres humanos y de cualquier individuo viviente sobre la Tierra.

Porque al intentar replicar en otros esa realidad inherente del ser humano, una de las sensaciones, es que luego de practicarlas, se pueden descubrir y ser rescatadas en otras personas. Porque será posible, ordenar y reordenar en el mundo de la creación, que en la realidad es infinito. Se pudiera pensar, que si supiéramos todo lo que tenemos que saber sobre la manera en la que podemos moldear la energía para que se manifieste en la forma física como algo creado, podremos percatarnos, de que lo que al final se percibe mediante los sentidos, es el resultado de la obra que primeramente fue energía, porque la misma emanó desde el pensamiento, ya que es allí donde nace nuestro poder creador como espíritus conformados por *almatrinos*, y la fuerza integradora de los *urdires*, porque ese es el atrevimiento más sutil que nos configuró para palpar todas las demás cosas y a lo cual debemos, realmente, nuestra existencia. Pero ahora, sabemos que formamos parte de la energía especial más importante que jamás se haya formado, y que esa es la fuente primordial de todo el poder creativo en todo el Universo.

Al reconocernos y reconocer a los demás, sin duda, que estaremos colocando los cimientos más profundos, para que la humanidad se sostenga sobre una profunda base, y que esta tome el camino correcto de vivir en paz consigo misma. Así, que algún día, la Tierra podrá ser la morada, desde donde todo ser espiritual pueda venir a consumar la experiencia de vivir como parte de una familia refulgente y feliz de seres humanos. Y surgirá una nueva doctrina para corregir los pensamientos, y es lo que tratamos de explicar mediante el Libro "Los Expensalistas", porque existen personas que ni siquiera saben que existen; viven a expensas de otros, pero le están causando un gran daño a la humanidad.

Pero el sentimiento puede incluso romper el velo de la emoción, ya que por ejemplo como hombre, no existe nada más agradable que contemplar el rostro de una mujer bonita, y lo que queda por descubrir, es saber por qué o cómo es ese sentimiento o energía que incita al fenómeno del enamoramiento; que de paso, es solamente un acto de carácter psicológico, y muy diferente a la empatía.

Es diferente también a la compasión, cuando por ejemplo vemos a un anciano que arrastra pesadamente el signo de sus años, tal vez porque esa carga ya la entendemos, al comprender cómo fue ese proceso, y que ya se aproxima el momento para su regreso. Quizás su hipocampo ya está lleno de miles de esos nuevos conocimientos y esperanzas adquiridas en esta oportunidad, y las grabará en la memoria permanente de su espíritu. Y será, él o ella, los únicos que tengan esa autoridad para decidir voluntariamente si regresarán o no de nuevo al plano físico. Aunque existen realmente aquellas personas, que por su desarrollo espiritual alcanzado, eso no les permite apegarse de nuevo a las cosas materiales. Y ellos no le verán ninguna necesidad o sentido al regreso.

Sigamos pues, por un nuevo camino que ahora estará muy bien trazado. Limpiemos cada obstáculos que se nos interponga en nuestro sendero, con el fin de lograr aquellos anhelos más profundos, cuyo valor es mucho más alto que el de las cosas materiales. Disfrutando solamente de saber que hemos logrado moldear la energía en forma de materia, desde la química de nuestro pensamiento, hacia por ejemplo, una hermosa obra arquitectónica, el diseño de un equipo para mejorar la producción, el esbozo de un nuevo aparato electrónico útil, una obra musical, el mensaje en un libro que en realidad forme al individuo, una obra de arte, un discurso que guíe u oriente en lugar de confundir; en fin, porque el poder creador, en verdad que es inagotable. Y el conocimiento adquirido sea cual fuere, será pues como la energía del espíritu mismo, es decir, eterno. Y quien es aquí como cuerpo, será allá como espíritu, pues el Universo está integrado como uno solo, y no como algo que separa a los espíritus del Ser humano. Y el habérselo enseñado a otros, para ayudarlos en sus desplomes, le transfiere al hecho un mayor valor. Tratemos de vivir siempre sanos, alimentándonos correctamente, y sintámonos cómodamente con lo necesario, pero despojémonos de las ambiciones, para no tener que acumular lo redundante. Pero también corrijamos a tiempo aquellas cualidades que hacen más pesada nuestra búsqueda hacia el logro intelectual creativo; y por extensión hacia un mejor desenvolvimiento espiritual, para mostrarnos con la alegría en aquel momento en que nos sintamos verdaderamente realizados.

Porque dice un verso extraído del *Bhagavad Gita*: «El adepto que seguro, se satisface con la sabiduría y el conocimiento; aquel cuyos sentidos están dominados, aquel para quien un terrón de tierra, una piedra y el oro sean lo mismo, dícese que está armonizado. Sobresalen quienes consideran imparcialmente a afectuosos, amigos y enemigos, extraños, neutrales, forasteros y posteridades, al igual que a honrados y perversos».

9 CORRECCIÓN DE LA IMAGEN MENTAL

La relajación autoconcentrativa, tiene que ser obligatoriamente estática; porque es la única forma de poder enfocar la mente hacia el propósito que estamos buscando. El cual solamente lo podremos visualizar como una imagen; o audible en forma del sonido de una música en nuestra mente. No hay otra manera. Y el otro aspecto, es que cuando se está en este estado de relajación, la imaginación no es algo que se supone, sino, que en ese momento, las imágenes se pueden percibir vívidamente junto con los colores; pero se pueden distinguir e identificar incluso los aromas y el calor. Y consiste esa relajación autodirigida, en emitir órdenes de corrección, que se convierten en señales eléctricas desde el cerebro hacia los músculos, con el fin de modificar a voluntad, el tono o la tensión y la temperatura de estos. Y al igual que el *raja yoga*, la relajación mental tiene su basamento, en que el conocimiento de sí mismo, que conduce a un claro y profundo entendimiento y a la comprensión intuitiva de las verdades de la vida. Porque al dominar la mente, ese efecto sería el único camino que nos puede llevar hasta la realización; ya que la dispersión mental, o exceso de ideas mal dirigidas, la vanilocuolocidad, es decir, el exceso de ideas mentales pero sin sentido, o aquellos razonamientos escasamente elaborados, solamente confundirán al individuo común, o a quienes no estén preparados para entenderlo de manera lógica.

Pero realmente, que la capacidad de poder ver mediante los ojos físicos, también es un acto puramente energético. Ya que la visión mediante los ojos, se produce por un cambio de forma de la energía, en el momento en que los *fotones* de luz que chocan con los objetos, rebotan y se desparraman hacia todas direcciones. Y lo que hacemos es recoger la intensidad de este haz, o paquetes de *fotones* que rebotan. Y al pasar por la lente del cristalino, estos paquetes de *fotones*, son concentrados o colimados para enfocarlos como pulsos, o ráfagas de *fotones*, que van impactando unos tras otros pero de una manera rápida hacia la retina. Y ese golpeteo, en la retina, la sustancia llamada *retinal*, convierte estos puntos de luz en una corriente eléctrica. Luego esta corriente de electrones, excitan unos micro detectores que se avivan con el impacto de estos electrones. Y lo que volvemos a ver son destellos de luz, pero de una manera ordenada y nítida, porque forman una imagen luminosa exactamente igual a la del objeto físico, en esta sustancia que forma la pantalla mental. Es decir, que la luz que rebota contra los objetos, en realidad se transforman en imágenes en el cerebro.

Es un proceso distinto al efecto fotoeléctrico que analizó Albert Einstein, porque en este caso, no se provoca la salida de los electrones desde su nivel fundamental, sino una excitación de los mismos de un nivel cuántico inferior a un nivel cuántico superior, y cuando los *electrones* regresan a ocupar de nuevo su nivel fundamental o inferior, ellos tienen que emitir esa misma cantidad de energía absorbida que los excitó, pero en forma de luz. Y estos puntos de luz, y son los que se disponen para dibujar una imagen en la pantalla mental.

De tal forma que la sustancia que forma esa pantalla mental, se describe mejor como un fenómeno de *bioluminiscencia*. Y para que se produzca la *bioluminiscencia*, se necesita del oxígeno, además de una sustancia llamada *luciferina*, que es activada mediante la enzima *luciferasa*. Y esa es la razón, de por qué antes de la autosugestión, necesitamos respirar profundamente, porque de esta forma podremos saturar el cerebro con oxígeno, para que reaccione con la *luciferasa*, y esto nos ayuda a tener imágenes más nítidas; ya que la *luminiscencia* por lo general no implica una generación de calor, sino que la misma luz se produce en frío. Como los diodos *leds*.

Se puede observar en las luciérnagas, quienes emiten pulsos eléctricos de acuerdo a la energía que emiten desde sus cerebros, y esto excita la sustancia bioluminiscente que están bajo sus alas, y por eso podemos verla en sus vuelos nocturnos.

Pero sería bastante difícil saber, dónde comienza y dónde termina una definición de la *luminiscencia*, ya que por ejemplo en el efecto fotoeléctrico, se puede provocar la salida de electrones, mientras que la *luminiscencia* de la *fluorescencia* el tiempo para la emisión de luz es menor de 1×10^{-8} segundos, y en la *fosforescencia* los electrones pueden tardar en caer de nuevo hacia su estado fundamental mucho tiempo, incluso días, pero mayor a 1×10^{-8} segundos.

Y con los sonidos sucede igual mediante la *sonoluminiscencia*, cuando el sistema auditivo del oído, convierte los puntos vibratorios en corriente electrónica, que de nuevo los transductores, esas vibraciones los convierten en señales electrónicas, que impresionan, y se convierten en luz que chocan con otra clase de sustancias. Un ejemplo de estos, son los micrófonos. Pero este fenómeno se dá a altas temperatura. Pero solamente hagamos una comparación, que de una manera similar en el cerebro, ya que estas sustancia generan burbujas que se forman y explotan rápidamente como el burbujeo de un gas en un líquido. Y el sonido viaja cinco veces más rápido en el agua que en el aire; por lo cual, que en vez de luz, como en la pantalla de la *bioluminiscencia*, esta sustancia para la *sonoluminiscencia*, lo que hace es vibrar, y la luz se hace audible porque el burbujeo provoca una percusión en el cerebro. Es de esta forma que podemos captar la luz en forma de sonido, o la luz en forma de imágenes, o podremos ver las imágenes como sonidos y los sonidos como imágenes.

Esta sustancias quedan impresas; y es lo que hace que funcionen coordinadamente con el sistema amigdalino. De tal manera que las podemos resetear, u opacar para que resalten más rápido las imágenes que más requerimos grabar. Tal vez haciendo énfasis tal como lo hacen los tibetanos. Un músico, digamos por ejemplo, un pianista, él se puede saber miles de canciones, pero el sonido evoca solamente una de esas melodías, y su cerebro las coloca en primer orden; de tal forma que el pianista la puede interpretarlas de memoria. Y si una melodía está relacionada con otra, digamos que en el mismo tono, entonces esta melodía evocará otras, y así sucesivamente. Yo por ejemplo, puedo escuchar el sonido del segundo movimiento llamado andante, del concierto para dos pianos K 448 de Mozart, porque el mismo está grabado en mi mente. Incluso puedo oír el sonido a dúo de los dos pianos. Y Mozart, tuvo que escuchar esa música primero en su cerebro, para luego poderla llevar a un pentagrama. Se dice que esta melodía ha ayudado a personas con epilepsia, mediante el llamado Efecto Mozart.

Pero todos estos fenómenos suceden, porque la energía puede transformarse de una forma a otra de manera casi instantánea. Son fenómenos que podemos dominar mediante la química del pensamiento. Y decimos casi instantánea, porque este retraso es lo que hace que algunas personas tengan una habilidad mental diferente a otras, tal como el hecho de poder ver la solución de problemas que puedan resultar complejos para otros, o los pueden ver de una manera diferente, resolverlo de un modo más ágil, hablar más rápido, etc. O puede ser la habilidad mental del humorismo sano; por ejemplo el de los «Hermanos Lelos», o imitar sonidos de personas y animales, la facilidad para ejecutar un instrumento musical, la destreza corporal, etc. Y todas forman parte de esa destreza, y lo que esto involucra, lo cual es una cualidad propia de cada individuo, y que puede venir impresa en la memoria del espíritu. Los científicos en cambio, quieren vivir solos y callados; o donde nada les perturbe, porque tal vez esto les permite enfocarse, para lograr entender más detalladamente el mundo más pequeño y desconocido.

De tal manera que ahora podemos entender el proceso, y por qué algunos vemos las cosas de una manera más rápida que otros, y enseguida colocamos las soluciones. Y esa es la importancia de visualizar las imágenes, y pausar la mente mediante la quietud y la autosugestión; ayudados para ello, con la respiración, un sonido, o un aroma, porque con el aroma sucede igual, solamente que lo que interviene, son las sustancias que captan los diferentes olores mediante el olfato, pero que al final estas se convierten en corriente electrónica, que a lo mejor impactan más bien a un banco de sustancias que se fueron acumulando, y formando un archivo de memorias aromáticas en el cerebro. Por lo cual, solamente se excitan, cuando se compara una de ellas, con la que ya está en el banco de memoria.

De tal manera que la sustancia aromática, nos puede igualmente evocar recuerdos para que nos ayuden a la relajación; por ejemplo un aroma infantil que nos traslada cuando éramos niños. O el olor a incienso nos recuerda una iglesia, etc. Y sería como buscar el significado de una palabra en un diccionario.

Pero tal vez, en esta primera etapa de la relajación, encaja mejor el concepto de *voluntarismo* que propusieron y defendieron filósofos y psicólogos como Arthur Schopenhauer, Friedrich Wilhelm Nietzsche, Guillermo de Ockham y Maine de Biran, entre otros, en cuanto a que existe una primacía de la voluntad sobre el entendimiento. Pero pensamos, que previo a la voluntad, tiene que estar el entendimiento de todo el proceso, porque luego la voluntad tiene que dirigir, porque somos quienes decidimos lo que queremos y hacia dónde vamos.

Así que en su primera fase, la relajación profunda, se basa en la idea de la respiración rítmica, la meditación y la visualización mental, lo cual es necesario, con el fin de despertar la intuición como una facultad escondida, y para poder tener acceso a las cosas más fundamentales de la existencia. Pero más científicamente, la química mental, es, desde luego, la que determina a fin de cuentas, la condición y la conducta del Ser humano, para conducirlo hacia un desarrollo mental superior, o posicionarlo en la consciencia real de su papel primordial en la ecuanimidad, lo cual es lo único que lo transportará hacia su armonía interna, y a la necesidad de relacionarse con otros, y, en definitiva, a estar en paz con los demás.

Pero ya hemos comentado, que en el accionar del músculo, intervienen neurotransmisores, los cuales se liberan gracias a las órdenes electrónicas originadas en nuestro cerebro, mediante la energía que nos conforma como espíritus hechos por *almatrinos* y *urdires*, que forman la *conscientia;* es decir el espíritu. Porque así como los *fotones* se integran con los *neutrinos* para formar los *electrones*, de la misma manera los *almatrinos* se integran con los *urdires* para conformar la *conscientia*. Y así como los *fotones* nos permiten ver la luz, de la misma forma los *urdires* nos pueden hacer ver los *espíritus;* pero no de una forma desparramada sino muy específica o muy bien definida con una alta resolución. Y esto nos hace ser dueños absolutos de nuestra voluntad directora. Y esta, es la base de la química del pensamiento, lo cual podemos resumir, como

que es el músculo el que se presta para poder expresar físicamente el concepto psíquico que deseamos. Y que lo que hagamos, puede ser espontáneo o puede estar impreso previamente en el cerebro. Y la vivencia mental del fenómeno, bien
sea para afianzarlo o para corregirlo, es igualmente importante, porque nos hace ser Seres más independientes.

Otra forma de explicarlo, no como una imagen sino energética, se conoce como psicomagia, la cual es una técnica atribuida al escritor chileno Alejandro Jodorowsky, pero esta es
una técnica, Jodorowsky empleó con fines de sanación espiritual. Y se basan estas metodologías, en que con la vivencia del
acto, lo que se busca es desatar el lazo que mantiene atado al
sujeto a un problema, que por lo general es una fobia. Pero a
pesar de que sus métodos tenían una aplicación con una perspectiva religiosa, es bueno plantearse, que desde el punto de
vista científico, tal vez lo que ahora entendemos, o lo que Jodorowsky quiso dar a concebir, es que como él mismo dice,
«todo fenómeno psicológico sucede, porque el inconsciente
reconoce esos actos, que en realidad son simbólicos, como si
estos fuesen hechos reales». Es lo que hemos relacionado con
las imágenes erradas, las cuales hay que corregir, suplantán-
dolas por otras, o las correctas. Así que la clave para erradi-
carlas, está en protagonizar de forma vivencial el acto que
afecta al sujeto, quien es el único que puede cambiar esa actitud negativa asumida por su cerebro. Y la mejor manera de
tener esta vivencia, es en la intimidad. También es esa técnica
se basa la realidad virtual.

Ahora, este concepto bajo la forma psíquica, de alguna manera puede ser necesario. Y solamente tenemos que erradicar
las imágenes que nos afecten de una manera negativa. Ya que
por ejemplo, una vez que se libera una acción mediante los

neurotransmisores, algunas de estas acciones pueden ser básicas, para por ejemplo, nuestra defensa física, o, puede ser que nos afecten emocionalmente, cuando las mismas se escapan de nuestro control. Tal vez como en el caso de la reacción háptica, cuando se lanza un martillazo pero sin poder detener la acción del mismo, ya que una vez que el evento está en desarrollo, atinamos o quizás no. Pero lo cierto, es que ya no tendremos tiempo para regresar el efecto del martillazo. O cuando decimos algo imprudente, y ya no podremos recoger las palabras, porque la acción del sonido ya fue emitida, y tal vez lo que pronunciamos puede ofender sin ninguna culpa a la otra persona. Y otro ejemplo, es haber consumido una comida en mal estado, que el luego nos quedará grabada esa sensación de rechazo; y en caso que nos volvamos a topar con esa misma clase de comida, por su imagen, aunque esta esté en buen estado por su aroma y color, de todos modos el cerebro emitirá las señales neurotransmisoras, con el fin de evitar o prevenirnos del consumo de la misma. Y es lo que crea una barrera química para nuestra defensa o recurrencia.

Al caminar solitarios por un bosque, nos desplazamos sigilosamente, y nuestras señales de alerta, vista y oído se maximizan. Y en el caso de un peligro físico, la respiración se hace mínima, con el fin de poder escuchar con mayor agudeza cualquier ruido extraño. En tales circunstancias, el cerebro emitirá señales para que se libere *cortisol*, cuyo propósito, es suprimir la producción de *insulina* a fin de que haya más *glucosa* disponible. Y por tanto, es una manera de utilizar la energía suficiente para emprender la huida, si fuese necesario. También resulta interesante el caso mencionado del desmayo, mediante el cual el cuerpo se queda sin movimientos, como un recurso para aminorar la actividad física y ahorrar energía con el propósito de salvarnos de un daño más grave.

Se demuestra entonces, que bajo un estado de angustia que puede ser patológico, estaremos constantemente emanando *cortisol*, lo cual causa un bajo nivel de *insulina*, y un alto nivel de *glucosa*, y es lo que hemos relacionado en el libro «La Química de la Diabetes» con esta afección desde el punto de vista emocional. También vale la pena acentuar, ya que ese pareciera ser nuestro objetivo, recordar, que al transportar los animales en jaulas hostiles para trasladarlos al matadero y luego la angustia por la espera de su muerte, los animales crearán ese alto nivel de *cortisol*, o el necesario para incrementar el nivel de *glucosa* y tratar de escapar de esa muerte inhumana. Así que cuando una persona se come el trozo de carne, también se estará comiendo el *cortisol* como producto de esa ignominia, y hará que la persona quede predispuesta a sufrir de diabetes o al envejecimiento, ya que el *cortisol* disgrega el colágeno y se pierde la tersura o firmeza de los músculos. Es la razón de porque no le cierran las heridas a las personas diabéticas. Porque lo que produce el cierre de las heridas o fracturas, es el *colágeno*, el cual es parecido, o es exactamente como un pegamento. Y si hay mucho *cortisol*, habrá mucha *glucosa*, porque hay poca *insulina*. Y habrá una carencia de *colágeno* porque hay mucho *cortisol*, y esto hace que no curen las heridas a los diabéticos.

Se ha demostrado, que escuchar música apacible y la relajación muscular, es la única manera de disminuir el nivel de *cortisol*. Al menos el normalmente producido, pero no el que corresponde al trozo de carne consumido. Muchas personas diabéticas dicen que caminan como una forma de disminuir el nivel de *glucosa*. Bueno, en realidad, el gasto energético, es porque se consume más *glucosa* al caminar. Y para recoger la *glucosa* que no se utiliza, el cuerpo segrega *insulina*, cuya función es convertir la *glucosa* en *glucógeno*, como una forma de reservar la energía química para luego transformarla en energía calórica.

Se dice que en los mataderos, los verdugos le ponen música relajante a sus víctimas para tranquilizarlas. Pero el acto de causarle la muerte a un animal de esta forma industrializada, es una de las tragedias más grandes en las que se ha encauzado el Ser humano. Porque ya este acto en sí, no es como un medio de alimentación, el cual produce el daño que paga la persona que consume la carne a través de una enfermedad, sino que al ponerle la música a las víctimas, se hace como un engaño, para obtener un beneficio económico. Porque el que creó el matadero y los verdugos no se van a poder comer toda la carne de tantas víctimas.

Pero continuando, en el cerebro, la información psicológica buena o no, estará grabada en el sistema amigdalino, el cual está formado por dos pequeñas glándulas, cada una situada debajo de cada hemisferio del cerebro. Ellas forman parte del sistema límbico dentro del cerebro, y son las responsables de las emociones, el instinto y la memoria para la sobrevivencia. Esto es así realmente, porque a algunas personas a quienes se les ha extirpado quirúrgicamente las amígdalas, motivado por ejemplo a un accidente, estos individuos, perdieron la predisposición a todo miedo o peligro; y por tanto, se hacen vulnerables a los daños físicos.

En vista de esto, la relajación para la autosugestión, debe tener como objetivo, tratar de dirigir nuestras órdenes impositivas hacia las amígdalas. De tal forma, que ellas emanen los neurotransmisores necesarios, pero de una manera contraria, o hacia lo que no queremos que suceda. Por ejemplo, si queremos dejar de fumar, no deberíamos utilizar la imagen de un cigarrillo encendido, porque esa figura pictórica es precisamente la que utiliza el sistema amigdalino para provocarnos el deseo de fumar. Así que lo mejor es enviar una orden a las amígdalas, para que estas cambien la imagen del cigarrillo y la sustituyan por otra. Como puede ser, caminar imaginariamente por un hermoso campo florido, y extender los brazos para inhalar la exquisita sensación del aire puro, o llenar nuestros pulmones plenamente; y con el aroma de las flores impregnar nuestro olfato. Después, ir mentalmente hacia los pulmones, y pedirles disculpa a nuestros alvéolos por haberlos impregnado con el humo del tabaco, pero no sin antes, aprovechar de llevarnos un pedazo de tela de color blanco puro y suave, para limpiar esas manchas de alquitrán, que están obstaculizando el libre intercambio de oxígeno por *bióxido de carbono*. Y luego reconocer, que con esa limpieza que hacemos de forma mental, estamos eliminando también la posibilidad de sufrir de un cáncer, diabetes o el mal de Alzheimer, cuya causa, es precisamente la isquemia o carencia de oxígeno. Puesto que con el humo del tabaco, estropeamos la labor de transporte del oxígeno hacia las células por parte de la *hemoglobina*, y desde allí hacia las *mitocondrias* gracias a la labor de la *mioglobina*. Y que esta a su vez, es la encargada de sacar desde el interior de las células el *bióxido de carbono*, para que finalmente la *hemoglobina* se dirija de nuevo a los pulmones, para echar el *bióxido de carbono* fuera del cuerpo.

El *bióxido de carbono* emanado desde las fosas nasales, será el mismo que utilicen las plantas para producir nuevamente *glucosa* y oxígeno. De tal manera, que podremos vivir formando parte de ese ciclo de la vida, sin la necesidad de tener que recurrir a la muerte de un animal inocente, y que está hecho también por un cuerpo animado por la energía conformada por *almatrinos* y los *urdires*, pero que lo utilizamos cruelmente como alimento. Imaginarnos que vamos a dejar de comer la carne de otro Ser, cuyas células son químicamente iguales a las de nosotros, es también un caso similar a la intención de dejar de fumar, pues no podremos relajarnos para dejar de ser carnívoros, colocando la imagen de un plato repleto de una comida, que sea la proveniente del cuerpo sin vida de nuestro hermano almatrínico.

Y la predisposición para lograr el objetivo, tiene que ser, enviándole las señales correctas al sistema amigdalino cerebral, para que estas glándulas, a su vez, no continúen con la estimulación que las hace liberar *dopamina*, la cual es la sustancia que nos incita al deseo de comer carne o que nos hará agua la boca. El sistema amigdalino cerebral en sí, no sabe, tal como cuando lanzamos mal el martillazo sin poder detenerlo, que ese acto además de dañino, es contrapuesto a nuestra naturaleza espiritual. Es solamente el medio físico del cual nos valemos para ejecutar una determinada acción, o evitarla.

Así que lo ideal, sería cambiar esa imagen corrompida por la de un animal corriendo libre por una pradera; y que al llamarlo cariñosamente y con las buenas intenciones, o que al tocarle la cabeza, él sienta que le estamos transmitiendo nuestro reconocimiento. O que nuestro hermano venga entusiasmado a atender la solicitud amistosa de su amigo el Ser humano. Y luego de un intercambio afectivo, pensar que ellos también pueden disfrutar de la vida enteramente, sin ningún miedo o temor, porque tienen el mismo derecho universal a vivir íntegramente. Correr con ellos y socorrerlos en sus desplomes psicológicos, o durante una determinada enfermedad, es nuestra mejor imagen para sustituirla por ese cadáver utilizado como alimento.

Lo podemos cambiar por un plato lleno de frutas, uno de raíces, hortalizas cocidas, o en fin, darnos cuenta, que la comida necesaria para vivir está con mayor proporción y abundancia en el reino vegetal. Y que parte de las sustancias para ello, también emanan desde nosotros como respuestas a un pensamiento. Las plantas también están vivas, pero solamente nos regalan sus frutos, y para algunas su período de vida cesa junto con la cosecha. Porque algunas de ellas, tales como las leguminosas y las gramíneas, ya lograron con ese acto procrear, y a lo mejor los *almatrinos* con sus *urdires* que las impulsaron a vivir, volvieron a quedar libres en forma de *conscientia*. Pero no sin antes dejar su media huella en las semillas, porque al menos algunas lograrán de nuevo germinar, y por eso son muy abundantes para que en el proceso de la germinación entre en juego la probabilidad. Además que de un solo grano, brotará una espiga con muchas semillas. Y la otra media huella la encontrarán cerca, en una planta similar cuando ambas germinen de nuevo y puedan procrear.

Si la conciencia se pudiera llevar a una escala, las pudiésemos graduar para medir nuestra capacidad de afrontar cada problema según nuestros criterios. La conciencia en este caso, no es más que el conocimiento de todo lo que nos sucede en el cuerpo físico, e iremos en ascenso en esa escala. Y lo que pensamos, lo podremos controlar mediante la energía espiritual que somos como *conscientia*, porque además, es la fuerza que debe dirigir nuestros actos. Y como nadie quiere un mal deseado para sí mismo, entonces las imágenes indeseables serán borradas automáticamente, cuando le indiquemos a nuestras amígdalas cerebrales que así lo hagan, porque lo contrario nos perturba. Pero muchas veces, lo que hacemos, es seguir el camino que nos señalan otros en las llamadas costumbres. De aquí es que surge una gran lucha con la actitud mental, en la que cada quien tiene que elaborar sus propias imágenes, con el fin de sustituirlas por aquellas adecuadas, en sus amígdalas cerebrales.

Y la autosugestión es el mejor camino para lograrlo, porque como se dijo, la autosugestión o autohipnosis, es lo que nos permite obrar en silencio. Pero lo más ventajoso, es que el acto lo podemos realizar bajo nuestra propia intimidad. Así que allí estará la oportunidad para que la imagen suplantada, sea contrapuesta a la que nos afecta, y para que no se manifieste finalmente en la alteración del tono muscular, tales como el nerviosismo. De tal manera, que en ese estado de relajación, los únicos conscientes del hecho somos nosotros, pero algunas veces, no podemos o no sabemos, cómo dirigir las manifestaciones de nuestro cuerpo hacia los eventos positivos. Sería como devolver el brazo a tiempo o antes de soltar el martillazo, de tal forma, que viviremos siempre atados a los problemas psicológicos.

Estar enamorados, y caer en una especie de desgracia cuando un ser querido se nos va, es también un estado psicológico que nos conduce a un sufrimiento sin ningún sentido; como se dijo. Se debe gritar fuertemente con la atención dirigida hacia las amígdalas cerebrales para ordenarle a estas, que borren la imagen anterior y la suplanten por una de felicidad. Parecido a cómo enseñan los tibetanos. O el temor a los exámenes que muchas veces hacen fracasar a un estudiante, quien pudo haber sido un excelente alumno o profesional, es solamente alguno de los numerosos casos. Y utilizar la frase como la palabra examen forma un acto traumático, porque puede haber sido asociado a lo que significaría no poder pasar una prueba de conocimiento. O si el examen es para evaluar el estado de salud, el temor a morir se oculta detrás de la palabra examen, ya que aún sin saber el resultado, nos hace crear una expectativa de que algo puede estar mal en cuanto a nuestra condición de salud. Es lo que se llama hipocondría.

Ese temor, puede estar grabado desde niños, y algunas veces es por culpa de los padres, quienes eran al principio sus guías; y desde los padres, el niño alimentó toda su confianza como un modelo a seguir, o como una imagen. Pero también los padres del niño, pudieron mostrarse ante él, estando o simulando estar enfermos como una manera de crear lástima ante ellos, para obtener el reconocimiento como recompensa o compasión por parte de los niños. O de lo que a la vez, ellos no lograron de sus padres; es decir, los abuelos del niño. Es lo que demuestra, por qué muchos niños huérfanos han sido exitosos, ya que han tenido que enfrentarse por sí solos a sus acontecimientos. Borrando por aquí y por allá de una manera inconscientemente las imágenes negativas. O aquellos infantes de padres divorciados a quien por suerte, les tocó quedarse con el padre o la madre inteligente, y él o ella, los ha sabido conducir o alimentar psicológicamente con la confianza necesaria de sí mismos. La falta de confianza les crea igualmente el llamado escudo psicológico, el cual tendrá necesariamente, que romper mediante la técnica de autosugestión, cuando ya sea una o un adulto con criterio propio.

El miedo escénico, pone al individuo como transparente o volátil, y lo hace temblar frente a un público que no existe, sino en las imágenes impresas en sus amígdalas cerebrales. Y la única manera de cambiar ese cuadro, es estando mentalmente frente al púbico. Pero esta vez, la escena no será la de un púbico quien tome el control de nuestros actos, sino que somos nosotros quienes debemos dirigir la intervención. Y la imagen del escenario, debe ser sustituida por la de una audiencia que ahora permanece atenta y callada, o solamente escuchando cuidadosa e interesada en nuestra exposición magistral. Y al final de nuestra presentación imaginaria, imaginarnos igualmente unos entusiasmados aplausos, lo cual nos indica y reafirma en nuestras amígdalas cerebrales, que nuestra ponencia fue perfectamente entendida por nuestra imaginaria audiencia, la cual ahora se siente satisfecha por el aprendizaje recibido.

Pero una de las ventajas es que podremos repetir una y otra vez nuestra imaginaria exposición; para cambiarla si es necesario; respondiendo preguntas que también son imaginarias pero lógicas y probables. Porque una vez que hagamos realmente la exposición, ya no habrá marcha atrás, pero así evitaremos el titubeo, la duda y las reiteraciones, lo cual genera desconfianza en la audiencia. Y nosotros, regocijados también por la enseñanza impartida. Luego, al tener que estar ante un público real, nuestras amígdalas cerebrales tendrán que enviar obligatoriamente las hormonas del regocijo o placer, tales como las dopaminas, porque se habrán borrado las figuras que impartían el temor de estar frente al público, ya que fueron sustituidas por las correctas.

La palabra temor, la decimos aquí, como una manera de explicar, pero en nuestra preparación imaginaria, esta palabra no debe ser colocada, sino sustituida por las imágenes contrarias; es decir, de regocijo, tales como «me siento alegre de poder estar frente a este maravilloso público»; o de forma impositiva: «¡amígdalas! cuando yo esté hablando ante el público quiero estar sereno y tranquil@», etc., La imagen debe ser la de nosotros mismos participando y disfrutando de nuestra presentación. Tal vez haciendo y respondiendo las entusiasmadas preguntas. Podemos, imaginariamente llenar poco a poco la sala hasta ponerla repleta, o muy grande como la de un estadio de futbol. Quitar y poner el público y la cantidad que queremos, porque es como participar en la vivencia de Jodorowsky; y lo podemos hacer, pues el público solamente estará en nuestra mente. Y la escena correcta dependerá de las órdenes hacia nuestras amígdalas cerebrales; y todo será de acuerdo a cual, o que cosa es lo que queremos hacer o lograr. Las reglas las podremos diseñar nosotros.

Y vale la pena insertar, que son innumerables las actitudes mentales o fobias de cada quien, y no sería posible poder describirlas todas en este libro. Pero el caso de la competición deportiva es importante, pues el atleta más destacado, es aquel que practica correctamente su respiración, y tiene ese privilegio, de ser capaz de participar con los ojos de su mente, para imaginarse la escena de la competencia y disfrutar el triunfo antes de que ocurra el evento. Y si lo hace así, premeditadamente o pre-programado, el cuerpo simplemente ejecutará la secuencia de imágenes victoriosas de manera automática; o lo que le indican sus amígdalas cerebrales. Un trampolinista puede perfectamente hacer un recorrido mental antes de dar el salto real desde su trampolín. La verdadera hazaña con el triunfo, se presentaría desde luego, si todos los atletas están bien preparados con estas técnicas respiratorias, pero el factor del éxito, ahora pasará a la condición física real, pues sería muy difícil encontrar tan solo a dos atletas idénticos, o que respiren y se alimenten a la misma hora, duerman o coman los mismos alimentos, o que tengan el mismo estado de ánimo en el momento de la competencia. Y la actitud mental, también puede adoptar una forma de intimidación.

10 LA ESCALA MUSICAL

Al referirnos a la manera cómo el oxígeno es transportado hacia los pulmones, esto es un factor básico que hay que analizar, pues este proceso de la respiración tiene que ver en principio, con la fuerza necesaria para el movimiento físico. Los pulmones tienen que inflarse para llenarse con el aire cargado de oxígeno, y luego desinflase para volver a llenar, etc. Y el aire solamente contiene un 20,9 % de oxígeno, y lo que aprovechamos es solamente un 5,6 % del aire que entra en los pulmones; es decir, este es el porcentaje normal del oxígeno extraído de la cantidad de aire inhalado. Y al retener el aire en los alvéolos durante 4 segundos, podremos extraer una mayor cantidad de oxígeno contenida en el aire inhalado. Es por eso, que una persona que aprenda a respirar profundamente, puede aprovechar del aire inhalado hasta un 50 % más de oxígeno. Y respirando correctamente antes del estado de relajación, nos aminora la fatiga, porque durante la relajación, el proceso mecánico de la respiración nos puede perturbar. Y para evitarlo, la mejor opción, es que este proceso de la respiración se realice antes del estado de relajación, para con ello, tratar de saturar la sangre con la reserva de oxígeno necesaria. Y luego, la respiración profunda ya no será tan importante, debido a que el estado de relax aminora los procesos fisiológicos; y cuando se alcanza ese estado de inmovilidad, el consumo de energía es menor. Es la razón de por qué, tal como dijimos, el espíritu no puede estar mucho tiempo fuera del cuerpo, pues se poner en riesgo las funciones fisiológicas.

Y solamente así, podremos repetir mentalmente la siguiente frase: «...algo respira en mí», y caeremos de esta manera, en un estado profundo de descanso, donde nada nos perturbará. En mi experiencia, he pasado más de 90 minutos en ese estado de inmovilidad o relajación profunda. Digo más de 45 minutos, porque antiguamente las cintas magnéticas o los llamados casetes tenían un tiempo de grabación de 90 minutos (45 minutos por cada lado) y al despertar del estado autohipnótico ya había finalizado la cinta por ambos lados.

Y estas cintas estaban grabadas, con los largos de los conciertos seleccionados de la música clásica, tales como el segundo movimiento de la Sexta Sinfonía Ludwig van Beethoven. Y solamente los largos del concierto, porque los saltos hacia otros movimientos nos pueden hacer salir de la concentración; y la monotonía o la continuidad musical sin saltos, es un elemento esencial para alcanzar y mantener el estado de relajación.

Pero siguiendo con el proceso de la respiración, la técnica más adecuada para saturar nuestra *hemoglobina* con oxígeno, es la respiración en cuatro tiempos. Es decir, botando todo el aire de los pulmones por la boca; y luego, retener con los pulmones vacíos, mientras se escucha cuando el corazón late cuatro veces. Después, inhalar contando mentalmente cuatro latidos, o según las pausas que indicó de forma audible el latido del corazón. Seguidamente, retener con los pulmones llenos de aire durante cuatro latidos más, y será fácil de escuchar esas cuatro pulsaciones. Volver a exhalar durante cuatro pulsaciones, que se cuentan mentalmente, y retenemos el aire mientras contamos cuatro veces. Repetiremos ese proceso las veces necesarias, y la respiración será normal pero más profunda, hasta sentir que ya no la necesitamos. Esto también ayuda a la expansión física de los alvéolos, lo cual se traducirá en un estado de salud más satisfactorio.

Por ejemplo, en una persona con cáncer, hay escasez de oxígeno en el fluido sanguíneo, porque la sangre está ácida. Y si la sangre está ácida, la *hemoglobina* estará bloqueada con el *ácido carbónico*, y de esta manera, la *hemoglobina* no podrá soltar el *ácido carbónico* para poder enlazarse con el oxígeno y llevarlo hacia las células. Por lo cual, sería una buena idea, que una persona con cáncer, ayude a saturar su sangre con oxígeno mediante la respiración en cuatro tiempos. También será una buena manera disminuir la hiperventilación. Es decir, las personas enfermas de cáncer, o de osteoporosis, respiran con mayor frecuencia, pero aprovechan menos la cantidad de oxígeno que ingresa junto con el aire, durante cada inhalación.

Y al final de repetir esa técnica de respiración de manera sucesiva y durante el tiempo que nos parezca suficiente, notaremos que el efecto de relajación es sin mareo, pero que ya podemos decir, «...algo respira en mí» y el movimiento expansivo de los pulmones ya no nos desconcentrará, y estaremos listos para comenzar a ejecutar eficientemente la autosugestión, utilizando las técnicas de Schultz.

Y la mejor manera para realizar estos ejercicios, una de las condiciones necesarias, es disponer de un ambiente tranquilo y sin interrupciones; y con el mínimo nivel de ruido e interferencias posibles. Si se hace acostado, se está propens@, que al llegar a un estado de relax profundo, se produzca una situación en la cual se puede abandonar el cuerpo. Por lo cual, hay que asegurarse de que el sitio esté cerrado al acceso de otras personas, ya que de llegar a dominar este estado de relajación correctamente, se puede incluso viajar en el tiempo. Pero si no se desea abandonar el cuerpo, sino llegar solamente a la relajación, pues todo estará bajo el control de nuestra voluntad, desde luego que no es necesario pasar más allá; ya que el temor será una barrera infranqueable para ese propósito. Se necesita disponer por lo menos de 20 minutos para realizar el ejercicio. Y de ser posible, será antes de dormir, por si acaso, si lo que se desea es eliminar el insomnio.

Si se trabaja en una oficina, esta práctica de autosugestión se puede realizar sentado y a una hora fija. Y bastarán solamente unos pocos minutos de relax, que serán equivalentes a haber dormido unas cuantas horas. De tal forma que en el caso del trabajo, es una buena manera de obtener un receso, o descanso, para que en la segunda fase de la jornada, nuestra labor sea más eficiente. O arreglar de manera mental, algún conflicto con alguien en el trabajo. Un médico por ejemplo, puede operar a un paciente primero mentalmente; y allí se dará cuenta de cualquier dificultad; así que cuando lo haga en tiempo real, ya habrá previsto cualquier contratiempo.

No es posible que exista algún peligro, pues nadie se puede auto programar para hacerse daño a sí mismo. Pero una advertencia, es que los ejercicios de autosugestión no deben ser practicados después de haber ingerido una comida; ya que todo proceso de relajación, provoca la disminución de las demás actividades fisiológicas vitales; y por tanto, el progreso de la digestión se hará más lento. Tampoco se pueden realizar con la vejiga o el intestino llenos, porque estos músculos estaría bajo tensión fisiológica natural. Al hacer estos ejercicios mentales antes de las comidas, o lejos de la misma, y al momento de acostarse, se logra que las horas de sueño sean mejor aprovechadas.

Se supone que no hay un trastorno mental, tal como el que hemos descrito para los «expensalistas», porque es muy importante planificar lo que se va a realizar durante el relax, con el fin de tener muy claro el objetivo de lo que se desea obtener realmente. Ya que ninguna de estas técnicas tiene influencia sobre otras personas, sino en uno mismo. Esto lo decimos, porque de allí surgen los especuladores o quienes quieren hacer las cosas por uno, con el fin de obtener provecho, como se dijo.

Una motivación alegre de que con ello vamos a vencer obstáculos, o por lo menos, recargarnos de energía para continuar la marcha, también es necesario, porque esa actitud positiva, nos ayudará a tener una imaginación con más nitidez. Es por ello, que en muchas ocasiones, es preferible realizar el ejercicio en las madrugadas o por la mañana al despertarnos, ya que el cuerpo descansado nos facilitará enfocarnos, para que el cerebro visualice, y planifique mejor nuestras actividades durante el nuevo día. Dijimos que el objetivo tiene que estar basado en algo real, porque no pretenderemos pedir que se nos manifieste un avión sino somos pilotos.

Y algo muy importante, sería disponer de un reproductor de música, tales como un MP3, de tal forma que tengamos allí seleccionada las piezas musicales de por lo menos 20 o 30 minutos de duración, que serían suficientes para una sesión de autosugestión. El sistema se debe apagar automáticamente después que la música haya finalizado, ya que si se da inicio a otra melodía, nos sacará del estado de relajación. Una de las formas de evitarlo, es que en dicho aparato esté grabada solamente la música que vamos a utilizar frecuentemente. Y por supuesto, también será la que más nos agrade, tal como se explicó anteriormente con la Sexta Sinfonía de

Beethoven, o como mencionamos, el segundo movimiento de la sonata para dos pianos K 448 de Wolfgang Amadeus Mozart. O puede ser la pieza para violín Lady in Lavender. El Laudate Dominum también de Mozart, etc. Y la música depende de cada gusto y del tono afín con cada uno.

Porque en cuanto al sonido, este es un factor importante, ya que la música seleccionada, además de ser la que más nos agrade, preferiblemente ha de ser monótona; es decir, sin saltos que alteren las ondas cerebrales, cuando se llega a lograr ese estado de relax. Los largos de los conciertos son los más adecuados, pero se pueden hacer selecciones de piezas, tales como las de Vangelis, el cual tiene un estilo de música cósmica. O pueden ser las grabaciones espaciales. O como el Oboe de Gabriel del compositor Ennio Morricone. Porque son algunas, entre tantas opciones. O aquella música que alguna vez escuchamos cuando éramos niños, ya que la melodía de las canciones infantiles, nos pueden transportar hacia aquellos tiempos remotos, y esto nos da la oportunidad de hacer un recuento para rehacer nuestras vidas; pero a su vez, para encontrar la forma de saber valorar hasta dónde hemos llegado y hasta dónde podemos llegar.

Tal vez una de las piezas más hermosas de Ludwig van Beethoven, aparte de la Segunda Sinfonía, es el *adagio molto e cantabile* o el segundo movimiento de la Novena Sinfonía. La duración se puede prolongar al repetirla mediante un programa procesador de música, y exportarlo como un archivo MP3. Existen ruidos de la naturaleza tales como de lluvia, corrientes de agua, bosques, truenos, etc., que también son apropiados. O el llamado ruido blanco, tales como el producido por un ventilador, o el murmullo monótono del viaje en un tren.

Y la monotonía es significativa, pues ya sabemos que si viajamos en un carro o un tren a velocidad constante, por lo general nos quedaremos dormidos, y despertamos sólo cuando el carro o el tren disminuyen la velocidad para detenerse. El hecho de que sea una sola pieza musical, es aconsejable, ya que al cabo de un tiempo, por el llamado acto reflejo, con sólo escuchar esa música, caeremos enseguida o más rápidamente en el estado de relajación, o de manera automática, porque nuestro cerebro se acondiciona para sintonizarse con su nota musical por la llamada resonancia.

El cerebro identificará cada vibración del sonido, aunque no las distinguiremos por su baja frecuencia; o por ser parte de nosotros desde que estábamos en el vientre. Incluso identificaremos un sonido, si estamos en un parque o sitio público, donde hay miles de personas hablando al mismo tiempo. Pero si alguien nos llamara por nuestro nombre, el cerebro enseguida identificará, o incluso percibe la dirección o desde dónde nos viene el sonido, pero también identificamos quién nos llama.

En cuanto a la frecuencia vibratoria de la Tierra, dichas vibraciones son las que nos permiten vivir en el ambiente terrestre. Y estas frecuencias, se producen en la ionósfera por el movimiento y el espectro electromagnético de la Tierra, y llevan el nombre del físico alemán Winfried Schumann, quien descubrió la resonancia electrónica de los relámpagos; por lo cual, se le conocen simplemente como ondas de Schumann. Según Schumann, vivimos sintonizados con esa frecuencia que oscila entre 7,8 y 12,0 Hertz; y sería imposible vivir fuera de esa frecuencia de resonancia terrestre. Se consiguen aparatos electrónicos que emiten esas ondas imperceptibles. Pero uno de los sistemas más utilizados son los llamados generadores de ondas, y también las grabaciones de música holográfica o tridimensional, que debería llamarse más correctamente generadores de pulsos, ya que si por el canal derecho de un audífono escucháramos una frecuencia de 440 Hertz (que corresponde a la nota musical A o La) y por el canal izquierdo una nota de 428 Hertz, el cerebro emitirá un pulso de 12 Hertz, que es la diferencia entre 440 y 428 Hertz; y, de esa forma nuestro cerebro estará sincronizando una frecuencia que corresponde a las ondas alfa, cercana a la frecuencia de onda de Schumann.

Y la música, tiene definitivamente un efecto psicológico sobre el ser humano. Porque al comparar las escalas mediante las cuales se afina el instrumento que emitirá la melodía, se producen algunas diferencias auditivas o cualitativas en el sonido, de intervalos similares con escalas diferentes. Las escalas, definen los intervalos entre frecuencias de todas las notas en una octava. La frecuencia de cada nota, se da generalmente de una manera normalizada, y se refiere a la frecuencia de la primera nota, llamada la nota tónica. Y una vez fijada la frecuencia de la primera nota, las frecuencias de las seis notas restantes en la escala, se mueven, o se vuelven fijas en relación a la nota de referencia o la nota tónica. O según los intervalos relativos dados por la estructura de la escala. Pero generalmente los instrumentos de conciertos, se sintonizan, no fijando la nota tónica, sino la sexta nota en la escala, a una frecuencia o afinación de concierto. Esto es, tomando como referencia la sexta nota; que en este caso, corresponde a la nota «La» de 440 Hz. Es por eso, que la nota «La» también se identifica con la primera letra del abecedario, es decir, con la letra «A».

Pero en base a estas frecuencias, la musicóloga Maria Renold utilizó otro método en la escala, para la afinación del piano, que es lo más cercano a la afinación de un instrumentos de cuerdas. Y llegó a una afinación de concierto de La o A=432 Hz. Su libro fue publicado por primera vez en el idioma alemán en 1985, y se ha convertido en un clásico moderno de la investigación musical. Al tocar música con esa nueva escala, Maria Renold observó, que los intervalos y tonos se vuelven desarmónicos entre ellos, y de hecho provocan que las personas que los oyen, se alteren, cuando se usa el tono de concierto en cuya afinación se haya tomado como referencia la nota La=440 Hz. Por otra parte, los intervalos y tonos tienen un efecto agradable y armónico sobre el público, cuando la sintonización se hace a una frecuencia de referencia para los seis tonos restantes la nota La=432 Hz. La comparación se hizo a lo largo de varios años y en distintos lugares, observando siempre el mismo fenómeno acústico.

Y se llegó a la conclusión, o que estos hallazgos demuestran, que en los tonos de ciertas frecuencias, se ocultan cualidades características, que pueden tener efectos importantes en los Seres humanos. En su libro, cuenta Maria Renold que se realizaron experimentos auditivos con estos dos pares de tonos (La 440 y La 432) en más de 2000 personas de todas las edades y ocupaciones en EE.UU, Italia, Alemania y Suiza, y se registraron los resultados. «Se hicieron esfuerzos para crear un ambiente lo más abierto y natural posible. Se le dijo al oyente que la frecuencia de los tonos no era importante, pero que nos preocupaba el carácter de cada uno». Y los tonos se tocaban uno tras otro según las necesidades, y la secuencia era variada. Y la pregunta principal fue: ¿tienen los dos tonos de cada par de afinación, un efecto diferente, aunque su diferencia de frecuencia sea imperceptible por el oído humano? (es decir: 440-432=8 Hz) y dice Maria Renold: «los resultados fueron interesantes e inequívocos; ya que casi todos los encuestados, decían que los dos pares de tonos y sus octavas, tenían cualidades inconfundibles e individualmente diferentes para ellos como oyentes».

Y a lo largo de los años, se hicieron variadas e innumerables comparaciones en este sentido, usando por ejemplo, flautas caseras de bambú, violines para estudiantes e instrumentos de concierto, con los tonos afinados tanto en el mejor instrumento y luego en el instrumento de menor calidad. Y el resultado fue siempre el mismo con cada tono, demostrando que existe una cualidad inherente en la frecuencia. Y esta condición se mantuvo constante, sin importar con qué registro o en qué instrumento se tocaba. Por lo tanto dice María Renold, podemos pensar que: «la cualidad individual de los tonos se origina en los tonos mismos y no en los instrumentos en los que se tocan.»

Y después de haber establecido que los tonos elegidos tienen cualidades intrínsecas bien definidas, se intentó, a pesar de las dificultades esperadas, averiguar de los oyentes, cuáles eran las impresiones auditivas del par de tonos 440 y 432 Hz. A los participantes se les preguntó cuál de los dos tonos de cada pareja preferían, y sus respuestas fueron las siguientes: «Aunque La (440Hz) fue el tono más familiar, sólo el 3-8 % de los participantes lo prefirió; Do=261 Hz (que corresponde al grupo de afinación de La=440 Hz) fue preferido pero aún menos. En otras palabras, más del 90 % de los oyentes preferían Do=128 Hz y La=108 Hz (la octava inferior de La o A= 432Hz)» Luego se pidió a los oyentes que dieran la razón de su preferencia, y para ello los tonos se les repetían las veces que fuesen necesario, y todos estos experimentos fueron realizados a lo largo de 20 años.

Y se logró establecer, la influencia que tiene el tono en la armonicidad del cuerpo; y con más razón, si nos encontramos en un estado de relax profundo para poder entrar en sintonía con la nota musical a la cual vibra la vida. Cada planeta, es decir, Mercurio, Venus, la Tierra, el Sol, etc., tienen su propia nota vibratoria, y en esto se basa las diferentes escalas de afinación atribuidas a cada sistema de afinación antigua. Pero es muy interesante observar, cómo los dos métodos de afinar influyen en las personas. Maria Renold establece que los años de observación la llevaron a lo siguiente: «si uno sintoniza los modos del astro Sol, en lo fundamental Do=128 Hz (octava 2x128= 256 Hz) y La = 432 Hz, esto crea una especie de éxtasis entre los oyentes y un estado parecido al sonambulismo en la audiencia»

De tal forma, que para nuestro propósito, es fundamental escoger una sola pieza musical; y preferiblemente, sintonizada a un La natural de 432 Hz, y esa música nos haría entrar en el estado de relajación de manera inmediata, porque la vibración estará en sintonía con el cuerpo. Ese efecto lo he comprobado personalmente, cuando afino mi arpa tomando como referencia las dos frecuencias (La=440 Hz y 432 Hz). Y cuando la afinación se hace a partir de la sexta nota La=432 Hz, el sonido global de las cuerdas es más suave, grave y agradable; parecido a las de un Oboe o a una Tuba. Se dice que en el estado espiritual, al no disponer de la voz física, nos podemos comunicar porque «hablamos el mismo idioma»; que vale decir, que todos nos expresamos bajo una misma frecuencia vibratoria y la que todos entendemos. De hecho, las cuerdas vocales lo que hacen es vibrar a diferentes frecuencias propulsadas por la química del pensamiento.

Y una vez establecida la música y su razón, además del estado de relax correcto que se persigue, todo esto, sería aquel, o el equivalente a quedarnos abandonados en sí mismos, pero conscientes de ello; ya que al pasar al estado de sueño, perderemos el control de los objetivos que habíamos planificado. Esto significa, que debemos controlar cuidadosamente un estado mental, ubicado en el llamado «borde del sueño» para pasar a un estado en el cual estaremos literalmente dormidos pero conscientes de que estamos inmergidos en ese estado autohipnótico.

Cuando nos echamos a dormir, por lo general no sabemos en qué momento nos quedamos inermes, y al día siguiente simplemente nos despertamos y nos damos cuenta de que pasó una noche más. El proceso contrario en el momento de estar entrando en el estado de vigilia, también es útil para lograr los objetivos; es decir, aprovechar aquel instante en que estamos despertando, donde podemos caer en lo que se llama estar «entre dormido y despierto» lo cual es una buena oportunidad para reprogramar nuestra mente, o proyectar más claramente las visualizaciones en nuestra pantalla mental. Los sueños más lúcidos se producen precisamente en esas horas de la mañana, cuando nos estamos despertando.

Las imágenes mentales formadas, no deben ser imaginarias o borrosas, porque incluso fuera del cuerpo, nuestra energía es capaz de ver perfectamente el mundo tridimensional; sólo que en este estado no se puede participar de manera táctil o de la misma forma que se hace desde el cuerpo físico. Tal vez la prueba más convincente de ello, es que las personas invidentes pueden soñar, a pesar de su discapacidad visual, porque las imágenes de los objetos se forman electrónicamente en el cerebro, pero no de manera física dentro de el mismo.

Esa idea, es lo que lleva a algunos científicos a pensar, que el Mundo no existe o que este es una realidad virtual, ya que según ellos, al morir, ya no dispondremos de la energía electrónica que nos permita observar el Mundo desde nuestra perspectiva corporal. Solamente que dichos científicos no han experimentado un desdoblamiento o viaje astral, por lo cual ellos no se pueden explicar estos fenómenos desde el punto de vista energético o psíquico, sino desde su óptica material en las fórmulas matemáticas, como se dijo, pues jamás se preguntan de dónde provienen ellos mismos como espíritus, y solamente creen que existen como cuerpos que funcionan, porque fueron engendrados por sus padres.

Otros más imaginativos, concluyen de que el Mundo que vemos no es más que un holograma, y tratan de demostrarlo con sus herramientas matemáticas que al igual que el tiempo, decimos que tampoco existe, porque los números no se pueden tocar como algo tangible. Por ejemplo, sabemos que dos más dos suman cuatro, pero nadie puede tener o tocar con sus dedos un dos o un cuatro. Y al inventar los números, se formó de manera implícita la conexión de todas las combinatorias, y, el Ser humano, no ha hecho más que desentrañar y muchas veces descubrir cada combinatoria formada, pero nadie podrá tocar la textura o saber el peso físico de una función matemática. Así que los científicos tratan de encajar todo los fenómenos en el concepto de las matemáticas para poder dar sentido a la realidad de las cosas, pero sin saber que las cosas no están contenidas en las matemáticas. Luego de descubierto, el fenómeno por muy complejo que este sea, su explicación es sumamente lógica, y por lo demás, sencilla.

Desde el punto de vista mental, cada ambiente lo podemos visualizar a nuestra manera, pues es como algo que nos reconoce como creadores para que nos demos cuenta de que somos los Seres más importantes del Universo. ¿Qué dirán por ejemplo nuestros amigos los andromedanos?, ¿o aquellos rigelianos que dejamos en Rigel, la estrella más brillante de la constelación de Orión? O incluso, es muy posible que nuestro origen sea el propio Sol, y como energía, el Sol sería muy fresco para nosotros, pero como cuerpos no podremos soportar las temperaturas tan extremas en otro planeta diferente a la Tierra. Es decir, en esto tenemos necesariamente que ser realistas y adaptarnos a cada situación.

Se cree, de manera fantasiosa, que los rigelianos pueden controlar la mente y los músculos de cualquier ser humanoide, pero mientras tanto, hagámoslo por nuestra propia cuenta, pues al igual que cualquier Ser cósmico, el individuo humano también es inteligente. Sino observemos y escuchemos esas piezas musicales como las de Mozart o las intrincadas piezas sinfónicas de Richard Wagner o la gracia de un niño o una niña gimnastas, o las piezas de un coro de voces... O el descubrimiento de los fenómenos químicos y físicos son gracias a ese poder creador y genial de poder imaginarse cosas tan pequeñas pero que no se pueden ver, tales como las partículas elementales. Y en nuestro caso, nos hemos imaginado en el libro «La Química del Espíritu», cómo fue que se formó el Universo desde la nada, pues solamente fue necesario una cantidad muy mínima de energía y unos pocos *almatrinos*.

11 EJERCICIO AUTÓGENO DE SCHULTZ

Estas técnicas de relajación siempre han formado parte del ser humano. Y el neurólogo y psiquiatra alemán Johannes Heinrich Schultz (1884-1970), se percató, que el pensamiento psíquico, tiene un efecto o respuesta sobre los músculos. Y él pudo elaborar un método para el conocimiento y el entrenamiento por parte del sujeto mismo. Es decir, el Dr. Johannes Schultz, observó por ejemplo, que una persona bajo el efecto de una tensión nerviosa, experimentaba rigidez en los músculos, frío en sus piernas y manos, y calor en el rostro. De tal forma que Schultz desarrolló un método, para revertir esas sensaciones mediante la relajación. Y, en vez de frío, sentir calor en esas partes específicamente. O frescor en la frente la cual se calienta cuando se está nervioso. Pero mediante esta técnica, es la propia persona afectada quien debe hacerlo, para resolver su problema específico, sin la intervención de un terapeuta, o lo que hemos descrito como autosugestión.

Y mediante la relajación, lograremos aminorar la tensión muscular; y luego con la autosugestión, podremos sustituir aquellas imágenes mentales erróneas por las correctas. Pero es la propia persona quien realizará los cambios que le perturban el correcto accionar en la vida. O con el fin de lograr aquello que ella o él quieren ser o hacer. Y esta técnica como se dijo, es estática o diferente a las otras como el *tai chí* que antes se consideraba como un entrenamiento para el arte marcial, pero que hoy en día, se practica para el desarrollo mental y espiritual. En fin, tal vez el origen de la autohipnosis sea el *raja yoga* o yoga mental, la cual se basaba más en una meditación con fines religiosos que el beneficio corporal, aunque lo uno sea consecuencia de lo otro.

Y mediante el entrenamiento autógeno de Schultz, podremos eliminar además, la barrera del credo, y lleva su efecto a la práctica, de todo aquel que desee superarse mentalmente, sin las limitaciones que le impongan una cultura o una devoción. Excepto unas pocas religiones, en las cuales se considera, que respirar profundamente es un acto pecaminoso, lo cual se desvía por completo de nuestro entendimiento, y el propósito de ayudar a superar aquellos traumas psicológicos, que como se dijo, los mismos están anclados solamente como actos simbólicos en la mente de cada persona. Y por lo demás, el acto de respirar, es un proceso necesario y totalmente normal, para todo aquel organismo que utilice sangre como medio para transportar oxígeno hacia sus células.

Contrariamente para otros seres vivos, tal como las aves o los anfibios, quienes tienen que vivir un rato al aire libre y otro bajo el agua. Por lo tanto, ellos han adoptado un proceso de respiración tanto anaeróbica como aeróbica, lo cual les permite vivir con ese sistema de vida. En cambio que en un Ser humano, la respiración es normalmente más aeróbica que anaeróbica. Pero ambas formas se pueden usar alternativamente, dependiendo de la situación que se presente. Tal como explicábamos al tener que caminar sigilosos por un bosque para poder detectar algún peligro. Es decir, que las células humanas, pueden lograr la respiración con oxígeno y *glucosa*, o solamente con *glucosa* por el proceso de la *glucólisis* en caso de no haber oxígeno.

Pero el problema de este cambio alternativo para obtener la energía, es que si no hay oxígeno suficiente en las células, estas recurrirán al proceso de la *glucólisis*. Y por esta vía anaeróbica, se generará *ácido láctico,* el cual hace que la sangre se vuelva ácida. Y de llegar a ocurrir este incremento de acidez en la sangre, la *hemoglobin*a no transportará oxígeno sino *ácido carbónico.* De tal forma, que sean de la religión que sea, las personas necesitarán ayudar a sus células, para que sus *mitocondrias* hagan su trabajo de producir energía en forma de calor, mediante la vía normal de oxígeno con *glucosa.* Y para lograrlo, las células no necesitan profesar ninguna religión. Esa es la razón de por qué, quienes practican ejercicios, meditación o relajación, lucen por lo general más rozagantes y saludables; o pueden enfrentar mejor, las situaciones de carácter nervioso.

Pero según Schultz, cuando en una persona se ponen frías sus extremidades y se enrojece su rostro, es porque precisamente, su mente hace que su sistema amigdalino segregue sustancias que paralizan a la persona. Y tal vez que una de estas sustancias sea *cortisol.* Así, que al quedarse paralizada o en suspenso la persona, su sangre no fluye, por lo cual esa persona no se oxigena bien; y el proceso respiratorio en las *mitocondrias* de sus células, se irá automáticamente por la vía de la *glucólisis* de la *glucosa*; es decir, sin oxígeno.

Y podemos deducir, que en ese momento, se incrementa la segregación de *cortisol,* para que disminuya la segregación de *insulina,* y aumente el nivel de *glucosa,* porque la persona quiere salir de aquella situación. Pero si en la sangre de la persona, además de todo esto, el nivel de oxígeno es bajo, las *mitocondrias* de los músculos no podrán generar la energía calórica inmediata, porque la generación de calor en las *mito-condrias*, tiene que cambiar a la forma de la *glucólisis*, cuando no hay suficiente oxígeno. Y esta forma de producir calor es menos eficiente. Pero la única ventaja es que es más rápida. Así que las extremidades se ponen frías, cuando todo el recurso energético se va hacia los músculos del rostro. Y por eso se calienta y se enrojece. Por lo cual hay que revertir esta situación, que solamente ha provocado el sistema amigdalino. Y ocurrirá siempre que la situación se presente de nuevo, porque en cierto modo, ese es nuestro sistema de defensa. Solamente que en el caso de las fobias, está actitud es negativa.

Y es por eso, que sabiendo cómo y por qué sucede esto, ahora podemos dirigir la atención hacia el sistema amigdalino, para sustituir las imágenes que provocan esta situación, por aquellas que indiquen al sistema amigdalino lo contrario, a fin de que esas glándulas segreguen las dopaminas de la tranquilidad y jovialidad, ante esa situación incómoda y a la vez contradictoria, porque la misma no tiene ningún sentido. Y al respirar profundo y rítmicamente, hará que la alta concentración de oxígeno, ahora en las extremidades en vez de frío, generen normalmente calor; y que la frente no se caliente sino que se mantenga fresca. De allí la importancia de la respiración previa. Y la única forma de lograr que se evoque esa imagen de un estado de confianza y seguridad en uno mismo, es mediante la práctica de la autosugestión.

Y para lograr eso, a lo mejor esta descripción ya es suficiente para comenzar un gran cambio en nuestra vida. Y pasemos entonces a practicar entusiasmadamente los ejercicios de *raja yoga* o el sistema autógeno de Schultz.

Y lo primero que debemos hacer, o para prepararnos, como se dijo, es estar conscientes de cómo resolver cada situación; tanto de nuestras metas, como de los resultados que queremos o esperamos del ejercicio de autosugestión. Por ejemplo, si estamos en una oficina, bastará con practicar el ejercicio sentado, pero si vamos a dar una conferencia, ayudaría ir primeramente en busca de un rincón o sitio privado, y rápidamente hacer las respiración de cuatro tiempos y dar la conferencia mentalmente tal como lo explicamos. O si es en grupo o en casa con la familia, lo más ideal, sería escoger un salón con una alfombra y la música seleccionada como ya hemos descrito. Se me pasó por alto decir, que una de las mejores músicas, es la Música Zen para meditación de Tony Scott, pero esto va a depender de qué tono musical es el que entra en la sintonía vibratoria con cada persona, pues los tonos o vibraciones musicales nos hacen caer en armonía o desarmonía. El volumen de la música debe ser el apropiado, ya que si este fuese muy bajo, eso requerirá de un esfuerzo para escucharlo, y muy alto, nos perturbaría la sintonía, porque llegará un momento, que el estado de relajación es tan profundo, que incluso el ruido de la música alterará nuestro estado apacible o de quietud.

Y ya sabemos cómo funciona y cuál es el propósito del ejercicio mental mediante la técnica de autosugestión, pero también existe la posibilidad de hacerlo en la intimidad, para luego ayudar a otros de manera individual o en grupos. Pero además, la soledad se hará necesaria, porque puede suceder, que en el estado relajación profundo logrado, haga que nos salgamos del cuerpo como se dijo. Y solamente necesitamos estar preparados ante esa posibilidad, pero eso no tiene nada de extraño, pues es algo natural, y todo depende de nuestra voluntad, o de qué cosas son las que queremos y cuáles no.

De tal forma, que si vamos a realizar el ejercicio en la intimidad, lo mejor es estar en un cuarto a solas, porque a lo mejor
nos tendremos que despojarnos de alguna ropa, pues incluso
esta nos estorbará, o, en todo caso esta debe ser muy ligera,
de tal manera que no nos presione el cuerpo. Algunas personas podrán creer que el espíritu tiene sexo, así que nos aver-
gonzaría si nos viesen flotando desnudos; por lo cual, es mejor
cubrirse un poco con una vestimenta cómoda. Y nada más por
la imagen mental, de que si nos ven desnudos nos avergon-
zaría. Tal vez ese es el origen de las llamadas túnicas, y cada
color está relacionado con la personalidad: el blanco indica
pureza, el naranja sabiduría, el verde curación, el azul protección y así por el estilo.

Dijimos a solas, porque en realidad es casi imposible llegar a
un estado de relajación profunda con otra persona al lado de
uno. Así que debemos seleccionar un sitio bajo llave, para que
no seamos perturbados y estemos más resguardados. O en
todo caso, decirle a nuestra pareja, (si se tiene) que vamos a
practicar nuestro ejercicio, y la otra persona cuidará de no perturbar el momento. Porque otra buena razón, es que si queremos meditar con propósitos más elevados, y al salir acci-
dentalmente del estado de relajación, ya no lo podremos repetir o volver a comenzar en ese mismo momento. Habrá que
esperar hasta el día siguiente para lograrlo. Tal vez un aroma
en el ambiente o en el cuerpo puedan ir bien, ya que un aroma
para el olfato es equivalente al efecto que produce la música
para los oídos. Los insectos y la luz excesiva también perturban y esa es la razón de por qué el ambiente es preferible que
sea cerrado. El encerramiento en este caso, no representa ningún misterio.

Estos ejercicios, podrán luego ser adaptados por cada uno, de acuerdo a nuestros gustos, creatividad, propósitos y posibilidades, pero de lo que sí estamos seguros, es que al practicarlos, nos hará más propensos hacia una mejor salud y el éxito, o la posibilidad del desdoblamiento voluntario, para lo cual hay que estar preparados. Nos aumentará igualmente la facultad de ser capaces de visualizar e imaginar; y la práctica constante, nos llevará hacia una sugestabilidad autónoma e innata, que incrementará nuestra capacidad psicocibernética; es decir, el estudio de la mente, que comprende el gran conjunto formado por la inteligencia, la química del pensamiento y el de la memoria, que actuando en conjunto, nos puede conducir a un superaprendizaje; o se nos hará más fácil aprender un nuevo idioma.

Incrementará igualmente la capacidad de establecer un diálogo con uno mismo, para que este nos sirva de ayuda y poder resolver con el apoyo de nuestro interlocutor interno, aquellos problemas más complejos, incluso de orden científico, porque al utilizar la capacidad imaginativa, nos ayudará como estudiantes o educadores, a diseñar por ejemplo, procedimientos médicos, químicos o mecánicos que estén al servicio y para el bien o el buen vivir de la humanidad y los demás seres vivos. En fin, son solamente algunas de las otras características inherentes al desarrollo positivo y el poder creador del ser humano, quien está obligado a desarrollarse mentalmente, para poder avanzar hacia la cima del conocimiento y su realización como un individuo inteligente.

Así que vamos a describir en base a nuestra experiencia, el ejercicio autógeno de Schultz, pero de forma íntima o privada, porque más adelante nos tendremos que referir a otras consecuencias de esta práctica, tales como, además de salirse del

cuerpo, poder ver acontecimientos futuros mediante los sueños precognitivos. Y ya sabemos que tenemos que tendernos
cómodamente boca arriba. Ajustar la música a un volumen
adecuado y observar primero todo a nuestro alrededor. Echar-
nos sobre la cama con un colchón rígido, o en el piso sobre
una alfombra; y, en ambos casos sin almohada, ya que al do-
blar el cuello hacia adelante o al colocar la cabeza sobre la
almohada, esta nos dificultará la respiración. Los brazos deben
descansar sin tensión a ambos lados del cuerpo, donde no se
sienta ninguna, o al menos la mínima tensión. Giramos las palmas de las manos con los dedos recogidos pero sin apretar
los puños, porque colocar las manos completamente abiertas
creará una tensión en los dedos, al igual que si las tuviésemos
completamente cerradas. Orientar las manos con las palmas
hacia arriba, puede crear una torsión en las muñecas, de tal
forma que debemos dejar que los brazos y las manos caigan
cómodamente con una soltura normal a ambos lados del
cuerpo, sin que estén ni muy pegados ni muy separados a
este. Igual sucede con las piernas, donde deben acomodarse
con los pies ligeramente separados y un poco caídos hacia
ambos lados, o donde se sientan cómodos y sin ninguna tensión muscular en los tobillos y rodillas.

Ya en esa posición y con actitud positiva, debemos estar conscientes de nuestros propósitos, y a lo cual nos llevará el ejercicio: convertirnos en seres más creativos, alegres, saludables
y conscientes de que formamos parte de este inmenso Universo.

Pero no sin antes haber leído o grabado el texto siguiente,
cuyo contenido fue adaptado de mi curso de autohipnosis de
los psicólogos, los doctores Fernando Acuña y Enrique Cohen,
y dice así, porque tal vez por el superaprendizaje, lo puedo

repetir de memoria: «Me dispongo a practicar mi ejercicio diario de autohipnosis. Me siento tranquil@ y bien dispuest@. Durante veinte minutos, adiestraré mi cuerpo y mi mente, para conducirlos al logro de mi objetivo. Obtendré con este entrenamiento, salud integral; seguridad y confianza en mí mism@; optimismo, y gran energía vital. Aumentará mi capacidad creadora, y le dará siempre un sentido positivo a mi pensamiento. Seré asertiv@, enérgic@ y decidid@. La capacidad de relacionarme con los demás, se verá aumentada, y ante ellos, actuaré en forma espontánea y segura. La autosugestión, incrementará igualmente mi rendimiento y eficiencia en el trabajo, así como también el goce pleno de lo bueno y bello de la vida. Para salir del trance autohipnótico, bastará que yo cuente mentalmente del uno al diez; y a medida que cuente, sentiré que mi cuerpo se irá activando con mayor energía y vitalidad; mi mente se irá aclarando, y al legar la cuenta a diez, apretaré los puños dos veces; flexionaré los brazos; estiraré todo el cuerpo; respiraré profundamente, y al final, abriré los ojos; y al abrirlos, me sentiré descansad@, optimista, satisfech@ de mi experiencia, y feliz de vivir. Si durante el ejercicio, hubiera que responder a una emergencia, bastará que yo cuente mentalmente de uno a tres, y abra los ojos; al abrirlos, mi cuerpo y mi mente estarán bien dispuestos para reaccionar adecuadamente ante la emergencia presentada. Y en todo momento, conservaré la serenidad y eficiencia».

«Ahora, cierro suavemente mis ojos»... «Me siento tranquil@"» (dirigiendo la orden hacia las amígdalas para que emanen las dopaminas que nos hacen sentir tranquilos y serenos) Comienza con la vivencia de peso de la mano derecha (Schultz) «siento mi brazo derecho pesado» Es una orden que se debe enviar a la mano y el brazo derecho. «Mi brazo derecho ya lo siento pesado..., y ahora, siento... como esta sensación de pesadez se pasa a mi brazo izquierdo y a mis piernas». Ahora digo: «siento mis brazos y mis piernas, pesados...». (Sentir y vivir esa sensación. Abandonarse a la sensación de pesadez). Ahora dirijo mi atención hacia mi brazo derecho, y pienso: «siento mi brazo derecho, caliente..., y una sensación agradable de calor, sentiré en mi brazo y en mi mano derecha». Se repite: «Siento, mi brazo derecho, caliente...» «Ahora dirijo mi atención hacia mi brazo izquierdo y mis piernas; y, mentalmente repito esta frase: «siento, mis brazos, y mis piernas, calientes», y una sensación agradable de calor, recorrerá mis brazos y mis piernas. Hacer una cuenta regresiva del veinte al uno para llegar al borde del sueño, pero sin quedarse dormi@.

Ejemplo de sugestiones generales en el borde del sueño: «Cada día, yo voy mejor en todo...», «cada día que pasa, soy más dueño de mí, y progreso en todo lo que me es conveniente y favorable». «Yo progreso en inteligencia y actividad, en salud y fortaleza, en valor y decisión...» Luego pronunciar mentalmente, aquellas soluciones específicas de cada un@ que fueron previamente seleccionadas. Soluciones de facilitación: «cada día me es más fácil entrar en este estado de relajación profunda...» «Con cada práctica, logro llegar hacia niveles más profundos de relajación y sensibilidad psicológica que son favorables para mis propósitos, y me hacen cada vez una mejor persona». Formulación de propósitos: «Me comprometo a practicar cada día mis ejercicios de autosugestión, con el fin de desarrollar la capacidad de relajar inmediatamente mi cuerpo, ante cualquier eventualidad o emergencia». «De igual forma, con cada práctica, puedo desarrollar más mi capacidad de visualizar claramente las cosas en la pantalla de mi mente; y, de esta forma, obtener los objetivos que me he propuesto, de salud, eficiencia, creatividad y la de ser capaz de disfrutar de todo aquello que me conduzca a ser más feliz». «Me comprometo igualmente, a ser alegre y optimista..., y, de esta manera, ser cada día mejor persona». Luego, el ascenso al estado de vigilia: «dentro de poco, voy a salir del estado de autosugestión: contaré mentalmente de uno al diez; y a medida que voy contando, desaparecerá la pesadez; mi mente, se irá despejando más y más, y cuando la cuenta llegue a diez, empuñaré mis puños dos veces, flexionaré mis brazos fuertemente, estiraré todo mi cuerpo..., respiraré profundamente y al final abriré los ojos, al abrirlos, me sentiré muy bien, muy despejada la mente tranquil@, satisfech@ de mi experiencia, y feliz de vivir». Contar mentalmente de uno al diez, y abrir los ojos.

El músculo ocular de ambos ojos se deben enfocar hacia el entrecejo, con el fin de focalizar la pantalla mental. Tal vez esta práctica tenga que ver con lo que muchos llaman «el tercer ojo», porque es allí donde reside esa capacidad de visualización mental. U de esta manera se podrá llegar con el entrenamiento reiterado y la costumbre muscular a esa habilidad de llegar al estado de relajación, la cual, como se mencionó, luego de un tiempo, se llegará a la costumbre del acto reflejo y se puede hacer rápidamente o de manera automática en cualquier sitio, o ante cualquier emergencia. Por ejemplo, previo a un examen, antes de ir al odontólogo; como la preparación mental antes de una operación quirúrgica, antes y durante de un viaje por avión. O puede ser previo o antes de dictar una conferencia. Ante una situación de desgracia o emergencia colectiva en general, o en fin, es lo que nos hace sentirnos preparados mentalmente para tranquilizarnos, y poder enfrentarnos a la difícil tarea que significa vivir imbuidos en un cuerpo físico, donde la mente vaga constantemente hacia todos lados, sin ningún control. O también, entender, reconocer, respetar y querer a todos los seres vivos y no solamente a las demás personas. O convertirnos en verdaderos y dignos pastores. Porque al poder enfocar la mente mediante la autosugestión, nos permite conocernos, y luego trasladar ese sentimiento hacia los demás, parecido al caso de transmitir nuestra capacidad sensorial desde la curvatura del mango de bastón hacia la punta del mismo, para poder percibir el espacio que transitamos mediante la háptica. O como cuando vamos manejando un vehículo y esquivamos un hueco en la vía sin estar viendo las ruedas, porque la mente ubica exactamente el espacio que vamos recorriendo.

Con la práctica autosugestiva, también sucederá, que nos iremos haciendo cada vez más sensibles espiritualmente a medida que trascurre el tiempo, hasta que llegamos a comprender, por qué no nos debemos alimentar con la carne de un hermano, o sacrificar a otro ser vivo como una ofrenda para demostrar una devoción hacia algún Ser que consideremos supremo, sin previamente valorarnos nosotros mismos. Aunque está razón de por qué no comer carne, se afianza científicamente en esta serie de libros relacionados en nuestro Compendio "La Química de las Enfermedades". Pero algunas personas, se plantarán entre una razón y otra, tratando de buscar por si mismas la razón y el equilibrio.

Pero alcanzar el éxtasis de reconocernos como seres creadores, tiene un único camino y este no lo lograremos, mientras no reconozcamos a los demás, de que ellos también están conformados por espíritus hechos por la energía de los *almatrinos* con los *urdires;* y que por esa razón, igualmente todos formamos parte de este Universo. Y saber reconocer que nos hemos transformado en seres espirituales útiles, reflexivos y emocionalmente profundos, es el regalo más preciado que podemos haber logrado oportunamente durante este acontecer cósmico, y será lo mejor que le podemos ofrecer a la humanidad y al gran Universo. Porque la acción que le dio impulso a su creación, no se podrá detener. Así que nos esperan por lo menos 175 billones de años, de los cuales apenas han transcurrido 13,8 billones. Es decir, el Universo tiene apenas la edad de un jovencito cuyo desarrollo va muy bien, pero somos nosotros con nuestros pensamientos vulnerables, que han de ser guiados. Así que nosotros debemos formarnos para llegar a la adultez, y aprender a dirigir con responsabilidad, o ser los guías de cada generación de espíritus, porque el Universo se va desarrollando por el camino correcto; y sólo nos toca cabalgar sobre cada uno de los acontecimientos.

12 VIAJAR EN EL TIEMPO

Tal vez más adelante, o en un tiempo no muy lejano, aclaremos mejor este asunto del tiempo y la energía del espíritu. Pero lo cierto, es que el poder creador o la capacidad de descubrir los hechos, parten también del pensamiento. Y luego, se necesita de la filosofía y la lógica para poder completar el ciclo, que finalmente le dan un sentido a las ideas. Y estas tres cualidades, son las que conforman la capacidad analítica del ser humano. La lógica es la que retroalimenta a la filosofía, y esta, es la que confirma o no, lo que el pensamiento supuso, para hacer que el ser humano avance seguro de sí mismo mediante el aprendizaje y el conocimiento. Y será lo que lo libere, o lo que derrumba las trabas o dificultades inherentes a los diferentes fenómenos del mundo físico.

En el aspecto físico o de la materia, el cerebro solamente interviene, para encajar linealmente las cosas en el lugar correcto. Pero la habilidad de controlar el borde del sueño, y la visualización de imágenes mentales, son un aspecto importante en la autosugestión, para lograr una mejor conexión de la parte energética con la materia. Pero lo primero, y tal vez lo más importante, es lograr permanecer en el borde del sueño, lo cual es necesario para poder formular soluciones, de aquellos problemas psicológicos que nos afectan mentalmente. Ya que si pasamos al sueño fisiológico o normal, perderemos el control que tenemos sobre nuestra mente, y esta solamente divagará como desorientada en un cúmulo de imágenes, al igual que lo haría en el estado de vigilia, con un conjunto de estímulos de toda índole. Aunque en este estado o estando despiertos, seamos capaces de controlar, aunque con menor cuidado los pensamientos, para que nuestra mente no logre dislocarse, porque durante este estado de desvelo, disponemos de los sentidos como guías.

De tal forma que si pasamos al estado de sueño fisiológico, desde allí nuestra mente no nos ayudará en nada, porque con ello se nos habrá escapado tener la mente bajo nuestro control. Excepto el poder contarle a otros, esas vivencias que tuvimos en sueños; y puede ser que algunas luego en el estado de vigilia, sean coincidentes, y por eso las catalogamos como oníricas. O quizá que el estado de demencia, sería como vivir soñando todo el tiempo.

Es necesario saber, que en el estado de relajación, estamos como durmiendo, pero que efectivamente estamos conscientes y realmente despiertos. Y solamente notaremos nuestro estado de quietud, y a lo mejor escuchamos un ruido externo, pero esto no nos afecta, porque estamos absolutamente enfocados, y con la mirada fija en las imágenes formadas en nuestra pantalla mental.

Y las imágenes que se formen en la pantalla de la mente, tampoco han de ser borrosas o imaginadas, como se dijo, pues estas han de ser nítidas y reales. Parecido a tener a nuestro frente una pantalla de alta definición. Y este efecto, lo podemos notar mejor en las mañanas, cuando nos estamos despertando y cerramos los ojos deliberadamente, y aparecerán en nuestra mente, las imágenes de forma vívida. Tampoco dichas imágenes serán casuales, sino que podemos verlas allí, exactamente, y de la manera que queremos y cómo las queremos, porque la mente actuará estrictamente bajo el enfoque y con nuestro control. Ese poder es natural, porque los espíritus hechos por *almatrinos* y *urdires*, podemos visualizar las cosas incluso estando fuera del cuerpo físico. Pero en este caso los «ojos» del espíritu son perfectos y reales pero energéticos. Lo cual ya explicamos en cuanto al fenómeno de la *bioluminiscencia* y la *luciferina*.

Pero el problema ahora, sería saber, porque si el espíritu no tiene una pantalla de *luciferina*, o unas sustancias que exploten como si fueran burbujas para poder convertir la corriente electrónica en sonido, entonces, ¿de qué forma se proyectan las imágenes en el espíritu para que este pueda verlas? ¿O por qué y cómo pueden los espíritus emitir los sonidos? Y cuando digo esto, es porque yo puedo ver estando fuera del cuerpo. Y no puedo decir que he hablado como espíritu, pero al igual que no nos podemos ver el rostro, el cabello o los ojos sin el uso de un espejo, tampoco puedo decir que he visto mi rostro de espíritu estando fuera del cuerpo. O a lo mejor me asustaría, si me llegase a ver como espíritu frente a un espejo.

Y es posible, que de alguna manera, la luz emitida en forma de pulsos, puede excitar a ciertos transductores energéticos formados por *almatrinos* en el «cuerpo» del espíritu. Y estos brillos pulsantes, forman las imágenes energéticas, que se forman en una pantalla energética de los espíritus. Pero también desde el espíritu, se pueden emitir los sonidos, para que se perturbe el ambiente de los oídos, de un Ser que viva en el mundo tridimensional.

Y este cambio de luz en corriente electrónica y de nuevo en puntos de luz o sonido, explica la evidencia, de que podemos ver la figura y escuchar los sonidos de los espíritus, como en mi caso de poder ver y escuchar los fantasmas. Y estoy completamente seguro, que los espíritus también me reconocen como cuerpo y espíritu. Pero estando encarnado. Y la fuerza integradora de los *urdires* es tan intensa, que recoge u organiza con alta nitidez la figura energética que forman a los espíritus.

Pero he aquí otro gran dilema, porque algún día, la ciencia tendrá que ver estos fenómenos como algo real, y tendrá que formular nuevas teorías electrónicas, para poder explicar, por qué los espíritus pueden ver, hablar y escuchar. Aunque esto no debería ser tan difícil, porque sabemos que existen los ojos electrónicos. Es decir, tenemos las cámaras de televisión, y las hándicam; o cámaras de video digital y fotográficas; pero en el caso de las imágenes que se forman en el estado espiritual, estas dependen de un enfoque real, consciente y voluntario. Porque el otro problema, es que las cámaras electrónicas no están conscientes de lo que ven.

Pero volviendo al tema, lo que sí sabemos, es que en la auto-sugestión, las imágenes se forman. Y para poder incrementar la nitidez de estas, vamos a necesitar de mucho oxígeno, con el fin de que se active y que a la vez se forme una mayor cantidad de *luciferina*, con la enzima *luciferasa*. Pero estas imágenes formadas en nuestra mente, han de ser apegadas a nuestra ética. Como tampoco, en caso de salirnos del cuerpo, podremos tratar de ver la intimidad de una persona del sexo opuesto. Ya que eso sería aplicar mal nuestra consagrada imaginación. Por ejemplo, si quiero ver las hojas o las flores de una planta, aparecerán estas con todos sus detalles desde todos los ángulos, el color verde y las nervaduras nítidas, como en un holograma. Y con la háptica desarrollada, podremos visualizar vívidamente los colores, cambiarlos por los que más nos gusten, o solamente captar visualmente la textura suave o rugosa con nuestro sentido del «tacto» imaginario o incluso percibir el aroma que de ellas emana.

O podemos colocar nuestras flores para que formen parte de un paisaje, cuyo arreglo o armonicidad, va a depender de nuestra propia habilidad creadora. O podremos, entonces, participar en la escena; es decir, ser los diseñadores de la naturaleza, o intentar tremolar libremente sobre aquel paisaje formado en nuestra mente. Y esa imaginación, es totalmente diferente al viaje real en el estado astral, el cual es un viaje más parecido a un vuelo físico. Y la destreza lograda con la auto-sugestión, es lo que nos acerca a ver acontecimientos o eventos, que aparentemente aún no han sucedido en la tercera dimensión; por lo cual, los catalogamos como sucesos de un tiempo por venir o futuro.

Y estos sucesos, se irán descubriendo en nuestra mente, siempre que aparentemos estar dormidos, pero no debemos traspasar el borde del sueño. Pero los mismos puede que estén desfasados respecto al momento real, o lo que pudiéramos llamar un momento imaginado hacia nuestro frente, o colocados sobre una cuerda de eventos. Estos acontecimientos, irán sucediendo a medida que avancemos, y no será posible recogerlos para que se repitan; o que vuelvan exactamente a su conformación inicial, pues vivimos inmersos dentro de un sistema, cuyos acontecimientos están cambiando continuamente, porque el espacio que se va formando asiduamente ante nuestra percepción, se está dirigiendo hacia la consecución de un estado de reposo o mínima energía.

Así que nadie puede percibir acontecimientos que estén en el futuro, porque estos todavía no han sucedido. O lo que ante su percepción visual todavía no está sucediendo, porque en un sólo instante, todo pasó a ser un acontecimiento del pasado. De tal manera, que lo que corresponde a los acontecimientos por venir, también tendrán que formar parte de algo que aún no ha sido creado. Y lo único que podremos lograr, es imaginarnos con antelación cómo podrían ser, pero no exactamente cómo serán los acontecimientos venideros. Y el tiempo, es una consideración relativa, cuyo concepto podremos vencer, solamente cuando logremos viajar a una velocidad mucho mayor que la luz.

Sin embargo, el llamado tiempo futuro, es una curiosidad que siempre ha llenado la mente de casi todos los seres humanos, pues todos quieren saber con exactitud hacia dónde vamos, para tener una idea previa, de cómo serán esos eventos, para precisamente, disponer con esa ventaja, el poder prepararse ante las eventualidades, y que nos garanticen de alguna manera la continuidad de la vida. Pero si los eventos ya han sucedido respecto a nosotros, tampoco podremos hacer nada para modificarlos.

Aunque lo que sí debemos saber, es que el espíritu es eterno, y no importa lo que hagamos o lo que filosóficamente interpretemos, la vida en forma espiritual, está obligada a continuar por siempre en el camino evolutivo, para lo cual solamente requerimos de un continuo aprendizaje. Incluso lo ya formado, también se irá distorsionando, ya que el Universo no es una esfera vacía ya creada y que se está llenando con las cosas que van apareciendo, sino que el globo-universo, es un espacio que se está formando y agrandando de manera constante hacia la nada.

Por lo cual, sería imposible predecir algo que aún no existe como forma. Excepto, que según nuestra percepción de lo creado, lo único que podemos hacer, es imaginarnos con cierta sospecha; pero no con exactitud, la forma que tendrían los acontecimientos que irán apareciendo oportunamente. Y todo eso, es lo único que podemos percibir desde una perspectiva energética. Pero en cuanto a lo material en el mundo físico, obviamente que eso es efímero porque la masa se volverá a convertir en energía.

Tal vez, que si el ser humano utilizara otro concepto para describir el tiempo, la forma de explicarse los fenómenos hubiese tomado otro rumbo, pero no la forma relativista. Y si solamente entraran en un estado de relax profundo y se pudieran salir del cuerpo para echar un vistazo desde arriba, podrían ver a su alrededor; o incluso contemplar su cuerpo inerme como en un estado de invariación, para poder apreciar con los ojos de *almatrinos*, que el Cosmos es real. Pero además, concluir también, que él mismo como espíritu es eterno, por lo cual es inútil estar siempre preocupados por el futuro, al menos en el aspecto espiritual. Porque respecto a la vida como seres humanos, la única garantía para la supervivencia, dependerán de las estrategias correctas, las cuales si es posible planificar, y han de estar acorde con nuestros propósitos e intuición.

En todo caso, que el tamaño del Universo tampoco sería un obstáculo para poder apreciarlo, si suponemos que como espíritus hechos por *almatrinos* y *urdires*, podemos viajar a una velocidad equivalente al cubo de la velocidad de la luz, como una constante medida en el equivalente del campo terrestre. Porque es seguro, que como espíritus hechos por *almatrinos* y *urdires*, no tendremos que viajar esquivando obstáculos durante el recorrido, sino que con sólo sentir el deseo, estaremos efectivamente en algún punto del Universo. Y allí estaremos de manera instantánea; y esa rapidez es lo que nos hace pensar, que podemos verdaderamente estar en varios lugares a la vez. Es decir, los seres espirituales que formamos los seres humanos, somos realmente entidades energéticas omnipresentes.

Y no somos omniscientes, porque los *almatrinos* son *fermiones*, y la única manera de ser omniscientes es que los *almatrinos* sean *bosones*, lo cual queda descartado, debido a la infinita cantidad de seres vivos que existimos en la Tierra. Sin contar las entidades espirituales que no han encarnado o la energía y la masa oscura del Universo. Porque si los *almatrinos* hubiesen sido *bosones*, el Universo sería tal cual se mencionó, como una enorme esfera luminosa. Una súper-partícula; y no existirían las galaxias con sus estrellas y planetas. Y solamente existiría un solo ser supremo. De tal forma, que lamentablemente para algunos, y afortunadamente para otros, los *almatrinos* son *fermiones*. Y gracias a esta aparente rareza, podemos decir que existimos.

Y el tiempo como algo tangible no existe, puesto que ese es un concepto o una idea creada por el ser humano, para, ciertamente, imaginarse y unir la materia y la energía con el espacio o la distancia. Ya que a cada instante un sitio de referencia se alejará más hacia atrás desde un punto que tomemos como referencia en el borde creciente de la esfera del Universo. O bien nos alejamos del punto o el punto se aleja de nosotros. Y eso fue lo que le dio a Albert Einstein, la idea de la relatividad.

Pero de cualquier manera, lo único que podemos hacer, es contemplar visualmente, de qué manera se van sucediendo los acontecimientos. La materia, la energía y la distancia aunque ya creados se pueden percibir; pero en cuanto al tiempo, lo que ha pasado tampoco existe. Y los eventos pasados no son reales, porque al suceder, ya desaparecieron, pues el presente los está borrando a medida que estos se van sucediendo.

Pero volviendo de nuevo a Max Born, él llevaba años discutiendo con el propio Einstein sobre la naturaleza del Universo, y mientras que a Einstein le inquietaba la idea del caos, a Born le parecía, que el mundo, a medida que se diseccionaba era menos concreto, menos medible, como en el caso inútil de tratar de unir un evento futuro con el presente y el pasado, porque todas esas ideas abstractas se encontrarán finalmente en un solo punto, y no quedará más que el rastro de lo que se va formando. Incluso, una vez formado el evento, el mismo seguirá cambiando como un caso parecido al ADN, a partir del cual se van a formar las nuevas mutaciones que crean nuevas fisonomías y formas de vida. Y lo único que se forma realmente, es la energía, porque la masa, es solamente la misma energía que se ha condensado, y eso hace que aparezca la distancia que separa los cuerpos, pero el tiempo, no es sino una manera de interconectar estas variables.

Lo que nos queda entonces, cuando estamos quietos en el mundo tridimensional, es observar con una toma más amplia o panorámica, las imágenes que pueden ser grabadas; o mejor dicho, observadas en la pantalla de la mente, en un amplio rango o perspectiva, desde cada ángulo de observación o vértice, tal como el efecto «ojo de pescado» de una lente para tomar una fotografía que abarque un espacio más extenso. Y es lo que hace, que un observador vea por ejemplo en su lado derecho, los eventos que van a pasar ante su mirada, los cuales suceden en un instante y los verá disiparse hacia la izquierda; es decir, hacia lo que podríamos llamar el pasado, pero que no dura también sino otro instante. Y solamente son acontecimientos imaginarios.

Pero la lógica, los puede hacer coincidir con aquellos acontecimientos reales que están por venir, pero que no sabemos cómo serán exactamente. Y solamente se podrá tener una idea de lo que va a transcurrir, si se está abordando un cuerpo que a su vez se está moviendo; es decir, estando estático respecto a dicho cuerpo. Y así tendrá como opción, poder imaginarse la manera de cómo será la esfera y sus acontecimientos, a medida que esta va incrementando su tamaño, siempre que permanezcamos parados como observadores en ese punto. Mientras que otros, estarán viendo los mismos acontecimientos, pero desde otro ángulo, aunque serán los mismos eventos y al mismo instante, por no tener que decir al mismo tiempo.

Un ejemplo de viajar tal vez en el tiempo, respecto a alguien que esté anclado físicamente en la Tierra, es que salgamos fuera del ámbito terrestre, y que podamos hacerlo, moviéndonos con una rapidez mucho mayor que la luz. Por ejemplo, las partículas que aportan la información o el brillo en forma de luz, serán los *fotones* asociados a los *electrones;* y los *almatrinos* aunque no son portadores de masa, son los que conforman y llenan la esfera que se está creando como Universo, el cual se va abriendo paso hacia la nada. Así que son los *almatrinos*, que por no poseer carga ni masa, van colmando el espacio, y llenando como materia y energía oscura lo que el ser humano encarnado nunca va a poder ver o detectar. Así como tampoco, podrá divisar el tiempo. Y solamente podría observar, y algunas veces utilizar su intuición, para poder imaginarse, de qué forma se está incrementando el tamaño de la esfera del Universo.

Y como los *fotones* y *neutrinos* se mueven a la velocidad de la luz; es decir, a 300.000 kilómetros por segundo, nosotros como espíritus formados por *almatrinos* y *urdires*, podemos movernos con una rapidez mucho mayor que la luz; es decir, a 27.000.000.000.000.000 kilómetros por segundo, lo cual es equivalente al cubo de la velocidad de la luz (C^3). Y somos los únicos que podemos ver y cabalgar para percibir el movimiento o llegar de manera instantánea hacia algún sitio distante del Universo. Y desde luego, que con esa velocidad tan alta, lo que logramos es que las distancias se acorten, y lo que alguien vea de manera retrasada porque se mueve muy lento respecto a nosotros, desde luego que para ese observador, algo que ya nosotros vimos, el los verá como un evento futuro. Pero en realidad, fue algo que sucedió en el mismo instante en cualquier punto del Universo para todos.

Por ejemplo, ha sucedido un evento en el centro de nuestra Vía Láctea: allá acaba de explotar una estrella, y un haz de *fotones* viaja con la información de la explosión, hasta un observador que está en la Tierra. Pero esos *fotones* tardarán en hacer su recorrido unos 25.000 años, a pesar de que la rapidez con la que ellos viajan es de 300.000 kilómetros por segundo. Porque la distancia entre la Tierra y el centro de la Vía Láctea, es de 25.000 años luz. Mientras que nosotros como *almatrinos*, esa misma distancia la cubrimos en 8,8 segundos, porque como espíritus hechos por *almatrinos*, nos movemos con una rapidez de 27.000.000.000.000.000 kilómetros por segundo. Y un año luz equivale a 9.460.000.000.000 kilómetros.

De tal manera, que nosotros llegaremos hasta el observador, en aproximadamente 9 segundos, trayendo la novedad de la estrella que acaba de explotar en el centro de la Vía Láctea. Y le informamos a nuestro observador, a cerca de una explosión, que él verá dentro de 25.000 años, (menos 9 segundos) cuando lleguen a sus ojos los *fotones* con el rastro del fogonazo. Y desde luego, que cuando lleguen estos *fotones*, eso fue algo que yo como *almatrino*, se lo conté al observador hace 25.000 años. De tal manera, que el observador obligatoriamente tendrá que decir que yo soy un adivino, porque predije exactamente su futuro. Tal como sucedió, a pesar de que el evento ocurrió en el mismo instante, tanto para la estrella, los *fotones*, el observador y para mí. Pero la única diferencia, es que yo como *almatrino* me pude mover más rápido, es decir, al cubo de la velocidad con la cual se mueven los *fotones*. Y de esta manera es que podríamos explicarnos, cómo es que podemos ver los acontecimientos futuros, de cualquier persona que esté abordando la Tierra.

De tal manera, que si no fuera por esta increíble rapidez, los *fotones* y yo como *almatrino*, llegaríamos al mismo tiempo, y de esa forma yo no podría decir que me adelanté a un acontecimiento futuro respecto al observador. O en términos físicos, podemos decir, que debido a la rapidez con que nos movemos, el corrimiento de cierta distancia lograremos hacerla tan pequeña, que prácticamente para nosotros, tampoco existe la distancia. Así que como energía, podremos vencer la barrera del espacio y el momento. Y como no tenemos masa, ya que solamente estamos hechos de energía controlada, nuestra capacidad de ver hacia cualquier punto ubicado sobre una cuerda de acontecimientos, nos hace percibir sucesos que pudieran aparentemente estar colocados en el concepto del futuro. Pero que en realidad, como *almatrinos* solo vemos sucesos que están ocurriendo en el mismo momento a medida que crece la esfera del Universo.

Y la búsqueda de este conocimiento, es lo que ha logrado el concepto de teletransporte como un deseo grabado en la idea del ser humano, para tratar de realizarlo en lo físico. Y fue así como esa percepción, pasó de la fantasía a la realidad, pues ya se han relacionado unos descubrimientos electrónicos con algunos fenómenos como son el de la bilocación o multi-localización; o sea el viaje astral, o la habilidad de estar presente en varios lugares al mismo tiempo, que por lo general era atribuida exclusivamente a los santos. Pero la teletransportación es un logro científico, que aunque todavía no pasa de unos cuantos kilómetros en la práctica, en el estado espiritual, es de suponer que no tiene la distancia como un obstáculo, tal como lo hemos observado. El concepto de teletransporte se quiere aplicar más bien a la tecnología de la información; porque de allí surgiría el gran negocio de un Internet cuántico; y quien lo domine, será en dueño de esa economía, aunque a nosotros como científicos nos llama más la atención podernos explicar el fenómeno. Somos algo parecido al caso de la tonalidad, donde el fenómeno de la frecuencia está en la nota, pero no en el instrumento que la emite.

Mientras tanto, la autosugestión, nos ayudará sin tantas herramientas electrónicas, a desplazarnos en el panorama de los acontecimientos, pero no en el tiempo, el cual se elimina en el momento de la teletransportación, porque la distancia la hemos hecho nula o sumamente pequeña. Pero hay que tener cuidado cuando se trata de hurgar en el campo que llamamos futuro, pues podemos perder innecesariamente esas facultades cuando nuestras intenciones no sean las correctas.

Y sucedió una vez, que siendo yo estudiante universitario, no tenía dinero; pues solamente tenía una sola moneda. La de menor valor. Y pensé que me podía valer de esta técnica de autosugestión y teletransportación hacia el futuro, para ganar a la lotería. Así que me preparé para ello, y pude adivinar las dos últimas cifras del sorteo de la lotería, con lo cual gané el primer premio. Pero luego se me ocurrió la idea, o pensar en la posibilidad de adivinar, no solamente las dos últimas cifras sino toda la serie de números. Pero el sólo hecho de tener la intención, me hizo sentir una experiencia muy desagradable, pues la piel se me erizó y sentí un fuerte tirón que me hizo ver, que algo me despojaba de aquella facultad. Pero de una buena vez entendí la razón, de que no se debe utilizar esa útil condición para tratar de adivinar el futuro con fines propios. Así que lo mejor, es no intentar adivinar para ganar a la lotería, a las carreras de caballos, en el futbol, o intentar saber las preguntas previo a un examen, porque definitivamente que se perderían esas facultades; así que para eso, el poder de trasladarse en el tiempo, realmente que no funciona.

Sin embargo, no podemos atajar a nadie hasta que se dé su propio golpazo, pues se sabe que desde la antigüedad, el ser humano ha tratado siempre de conocer aquellos eventos por venir o futuros. Y quienes ven hacia sí mismos como algo imposible de lograr, entonces recurren a otros, quienes han descubierto unas técnicas de imaginación, que en realidad están al alcance de todos. Otros son considerados seres excepcionales, porque pueden descifrar el tiempo futuro en las líneas que se formaron en las manos, pero esto no es sino que nacemos y vivimos todo el tiempo con las manos cerradas, porque sería imposible mantenerlas abiertas, ya que eso crea una tensión, o no las podríamos recoger para agarrar.

En la antigua Roma por ejemplo, existían los augures. Y un augur, era un sacerdote que practicaba la adivinación, observando el canto y la forma de volar de un ave, cuando este la soltaba, precisamente desde sus manos. El sacerdote que más acertaba estadísticamente, me imagino que sería el mejor, y podía manipular un mayor número de esas aves. Mientras más aves, mayor sería la probabilidad de sus aciertos. Porque de lo que todavía no estamos muy seguros, es si las aves regresaban para participar en una nueva actuación. O aparecieron las cartas y los caracoles, y hubo que soltar las aves de los augures.

13 SUEÑOS PRECOGNITIVOS

Los sueños precognitivos, son el resultado de la capacidad de formarse imágenes mentales, donde lo que hacemos, es preparar la mente para lograr soñar acontecimientos predeterminados o provocados. Y esta clase de sueños, los podemos inducir por lo general en la mañana. No tienen nada que ver con las otras clases de sueños, en los cuales la mente divaga entre una serie de imágenes, que la propia mente coloca y ordena en una secuencia lógica, pero que finalmente el significado puede ser absurdo. Algunos tienen relación con las necesidades fisiológicas que son normales durante el sueño. Por ejemplo, si la vejiga urinaria está llena, probablemente soñemos que estamos orinando o que estamos en la búsqueda de algún sitio para hacerlo.

Por otra parte, los sueños alucinados, pueden ser la continuidad de algún esfuerzo hecho en el estado de vigilia. Como por ejemplo, para resolver un problema confuso, cuya búsqueda de la solución, se conseguirá finalmente por una relación, porque el análisis para lograr resolverlo, continuará operando durante el estado de sueño fisiológico, pero que es más conveniente poderlo dirigir desde ese borde del sueño descrito. Al cual, únicamente se llega de manera deliberada, junto con la posible solución de dicho problema. Es decir, que estando dormidos pero conscientes, allí colocamos el problema y sus posibilidades de solución, porque sabemos que la mente ordenará las imágenes de alguna manera, pero con una secuencia lógica.

Y durante el sueño, estaremos como desconectados electrónicamente del mundo físico. De tal manera, que si pasamos al sueño fisiológico, lo que en realidad hemos hecho, es como retirarnos hacia algún lugar del cuerpo físico, mientras este permanezca en estado de descanso. Pero la mente seguirá operando desde allí, porque de alguna manera en ese estado, respiramos más profundamente que en el estado de vigilia. Y la mente no se dislocará entre tantas imágenes, porque nos hemos enfocado, para encontrar una posible solución de nuestro problema.

Y no puede haber ningún temor, porque el cuerpo que nos tocó ocupar, es y será nuestro desde que éramos un espermatozoide cuando se unió a un óvulo. De tal forma, que este cuerpo es nuestro porque somos los únicos que lo sabemos conducir, y será nuestro para siempre o durante el período que nos toque vivir imbuidos en el mismo. Es nuestra morada sacrosanta, y nadie más lo podrá ocupar; ni por algún espíritu chorlito. Es parte de nosotros; y solamente nosotros, sabemos cómo maniobrarlo desde que éramos un embrión; y luego desde el nacimiento, y hasta el presente.

Existe además, una diferencia entre lo que podemos llamar revelaciones, las cuales son imágenes muy claras, pero en este caso, el mensaje puede venir de otro ser espiritual. Ya que también es bueno saber, que no estamos solos en este Universo; y de hecho tenemos grandes amigos o hermanos espirituales, menos o más desarrollados que nosotros y que de paso colaboran.

Pero uno de los ejemplos que se pueden tomar, para poder explicar mejor el poder desplazarse previamente en lo que llamamos espacio, pero no tiempo, y la manera cómo el cerebro puede colocar las imágenes en un orden lógico, puede ser el caso que le ocurrió a la doctora Louisa E. Rhine, el cual apareció en un artículo de una revista de parapsicología de los Estados Unidos. Gracias a este sueño, afirma ella, pudo salvar la vida de su hijo de un año de edad: «...tuve un sueño un poco antes del amanecer. Los niños y yo habíamos ido a acampar con unos amigos. Nos instalamos en un claro de bosque junto a un lago entre dos colinas. Nuestras tiendas estaban bajo los árboles; eché una mirada en torno a mí, y pensé en que aquel lugar era espectacular.» «...y siempre en el sueño, me decidí a lavarle la ropa al niño, por lo que me acerqué con él a la orilla; lo puse en la arena, y él comenzó a lanzar piedritas al agua; regresé a la tienda en busca del jabón que se me había olvidado, y al regresar, encontré al niño boca abajo ahogado en la orilla del lago. Me desperté llorando.»[...] «pasaron unos cuantos días preocupada por aquel sueño, pero luego lo olvidé, y no volvería a recordarlo. Hasta que en el mismo verano, fui con un grupo de amigos a un lugar parecido al del sueño. Descendí hasta las aguas para lavar la ropa del niño, lo acomodé en la orilla para ir en busca del jabón que se me había olvidado. Mientras tanto, el niño había tomado un puñado de arena y comenzó a lanzarla al lago. Rápidamente se me vino el sueño a la memoria como un relámpago; o igual que en una película: el niño de pie, exactamente como en mi sueño; la ropita blanca, sus rizos dorados y un Sol deslumbrante. Creí desmayarme. Entonces tomé al niño en mis brazos y me fui a reunir con mis amigos en la playa. Cuando me pude recuperar de la impresión, les conté lo sucedido, y se echaron a reír, diciendo que eran imaginaciones mías.»

Sin duda, que esos corrimientos en el tiempo pueden ocurrirle a cualquiera, pero este es un ejemplo de una gran utilidad del sueño pre-cognitivo: no para ganar a la lotería o buscar un beneficio propio, sino más bien, para salvar al niño que en realidad pudo haberse ahogado. El sueño lo tuvo en la mañana, es decir, puesto que ella no estaba al tanto o practicando la autosugestión, lo que importa realmente, es que el cuerpo esté relajado y descansado, para poder enfocarse en la visión para desplazarse y visualizar como de izquierda a derecha, en la medida que los acontecimiento vayan sucediéndose. Al llegar de nuevo al borde del sueño, ella se imaginó como un deseo en su imagen mental, ir a una playa con unos amigos, pero en esa escena tenía que entrar obligatoriamente la figura del lago. Porque a ella, era eso lo que más le llama la atención; por lo cual, esa imagen es la que más se destaca o lo que causa más brillantez a la sustancia de su pantalla mental. Y tenía igualmente que incorporar la imagen del niño. La *oxitocina* hace que ella sienta un amor inmenso por el niño, y el objetivo es que ella lo alimente y lo cuide; y el caso más evidente, es que sea de algún peligro. Pero la imagen de peligro más lógica para su cerebro, es que el niño apareciera ahogado en la orilla del lago. Pero una vez que se está en la realidad, el niño no se ahogó, por lo cual no pudiéramos decir, que este es un acontecimiento que sucedió realmente en el futuro. Es decir, antes de ir al lago. Y tal vez el sueño fue un signo de advertencia, animado por el amor hacia el niño.

En su sueño, lo cual es diferente a una pesadilla, la doctora Louisa, se desplazó con la mirada de *almatrino* hacia acontecimientos que comenzaron a relacionarse en su vista panorámica hacia el espacio, y por un lapso instantáneo, en el cual todos los momentos convergen; y, de esta forma, se colocó en la escena de fondo, el de una playa deseada por ella con su paisaje mental elaborado. Luego fue dirigiendo su mirada de derecha a izquierda, y al llegar a su momento presente, se completó una escena que se le quedó grabada por varios días.

Pero lo que queremos decir con el movimiento de derecha a izquierda y viceversa, es porque en realidad los ojos se mueven haciendo ese movimiento o recorrido durante el sueño, como haciéndole un seguimiento a las imágenes.

Y llegó el momento real, y todos los actores fueron puestos de nuevo en la escena, como una serie de representaciones pictóricas, que ya estaban grabadas, para seguirlas en la actuación; y para que ella pudiera rescatar mediante la química de sus pensamientos, la imagen que le hizo ver en retrospectiva aquel acontecimiento que pudo haber sido trágico. Durante el sueño, el cerebro de la doctora Louisa, simplemente ordenó secuencialmente las imágenes en el orden correcto. Al aparecer la imagen del lago, su cerebro tenía que asignarle luego un acontecimiento, para lo cual tendría varias alternativas. Tal vez en un lago no hay un oleaje tan intenso sino una quietud del agua. Y quizás la doctora Louisa, en algún momento grabó una imagen de temor por el agua, pues a lo mejor en su vida pasada, ella o un ser querido por ella murió ahogado; y lo más probable es que ella tenga esa clase de fobia en su memoria permanente o energética. Así que su preocupación en todo momento, es salvar al niño de algún peligro, y en este caso similar al que sufrió ella o un Ser apreciado por ella. Por lo cual, inmediatamente su cerebro colocó la imagen del niño ahogado en la posición que tiene que estar para este caso. Es decir, boca abajo, porque todo el peso se va hacia la barriga debido a las vísceras y el estómago. Y tal vez todo esto es evocado desde la memoria permanente del espíritu, pero es diferente, al caso de poder trasladarse realmente, al encuentro de acontecimientos que puedan pertenecer a un tiempo futuro.

Digo en su vida pasada, porque muchas veces podemos recordar sucesos que acontecieron en otras vidas; y muy posiblemente, que estos sean los más traumáticos; por lo cual, son los que más se fijaron en la memoria permanente del espíritu. Pero si contáramos los segundos que yo tardé para escribir esto, o los que usted empleo para leerlo, sería demasiado rato, comparado con el tiempo que gasta el cerebro en ordenar y poner todas las imágenes en escena. El cerebro lo hace de manera instantánea, lo cual se ha demostrado mediante encefalogramas, porque en realidad, los sueños por muy largos que parezcan, se producen prácticamente en un instante; y contar las historias con cada detalles, es lo que nos toma mucho tiempo. Así que en la realidad, el tiempo en el estado espiritual no existe, porque solamente estando en el mundo físico, nos tardamos más en echar el cuento del sueño, que lo que dura el sueño mismo.

Es muy diferente a que si el niño ya grande, él sabe cómo nadar, porque la Dra. Louisa lo hubiera imaginado disfrutando alegre con sus habilidades en el agua; y si sabe cómo nadar, es más difícil que el niño se ahogue. O si hubiese sido un acontecimiento futuro lejano, el niño obligatoriamente tendría que haber aparecido con una edad mayor en la escena; es decir más grande de tamaño. Por su puesto que no es tan difícil imaginarse a un niño cuando este sea adulto. Pero ningún ser vive en la Tierra 25 mil años para poder compararlo con el viaje al centro de la Vía Láctea. Y cuando regresemos si es que lo logramos como humanos, todo habrá cambiado.

Un lago, aunque no exactamente con sus detalles, también existe, y el cerebro solamente ordenó las imágenes que ella colocó como un deseo para la escena; y luego, cuando ella y el niño están allí realmente, las imágenes se develan en la secuencia grabada; por lo cual ella sale corriendo con el niño en sus brazos, debido a que el temor a la muerte es la parte más importante.

Al recorrer la escena de izquierda a derecha y luego de derecha izquierda para revelarlo, es exactamente lo que haríamos, para planificar nuestra vida de lo que queremos o deseamos, mediante la práctica de la autosugestión; es decir, poniendo nuestras propias y convenientes imágenes previamente en la escena de la mente.

En cuanto a los niños, estos no tienen las mismas preocupaciones serias o prejuicios, como sí la tienen los adultos, así que ellos pueden enfocar mejor sus acontecimientos mentales, o imaginarlos con mayor detalle. Si se les dice por ejemplo a los niños, que mañana los llevaremos a la playa, eso para ellos es un gran deseo o acontecimiento. De tal forma, que ellos se quedarán dormidos, enfocando fijamente esas escenas. Y realmente, que a ellos se les hará más fácil proyectar las imágenes mentales en sus sueños, y tener vivencias más nítidas, de que efectivamente están en una playa. Y si ya lo han hecho en la realidad, de esa escena previa se encargará el cerebro, y habrá un mar con su oleaje; un Sol resplandeciente y la blanca arena; porque son las sensaciones que se fijan más en la mente imaginaria de los niños. O si usted está leyendo este libro, vera que pierde el enfoque hacia el texto, porque su imaginación la o lo trata de llevar hacia una playa. Es por eso, que en muchas ocasiones, estamos seguros de que tal o cual acontecimiento ya lo hemos vivido, lo cual no debe confundirse con la reencarnación, pues volver a nacer y que nada haya cambiado en el escenario geográfico, es realmente imposible.

Nos podemos quedar dormidos en una silla y proyectarnos más allá del estado de vigilia, tal como le pudo haber sucedido a Kekulé, con lo cual él pudo resolver por una similitud o comparación, el problema de la molécula de benceno. Y repetimos o hablamos del caso de Kekulé, porque este es un caso bien documentado. Pero en realidad los temas son casi infinitos; como por ejemplo, el efecto de viajar en un tren, donde el ruido monótono hace que el pasajero caiga proyectado hacia un estado de sueño inducido por la monotonía. Y el tren puede ir a 100, 200 o 300 kilómetros por hora, pero la persona puede abandonar el cuerpo, y desplazarse con una rapidez muchísimo mayor que el tren. Y su pensamiento estará enfocado en cuanto a la distancia o el tiempo que todavía le falta por recorrer para poder llegar a su destino, cuya trayectoria por lo general la conoce muy bien el espíritu del cuerpo, el cual ahora está inmóvil.

De tal forma que el espíritu puede realizar el recorrido previo, el cual mentalmente para el cuerpo dormido pareciera un instante, porque el espíritu puede, si así lo desea, viajar a una velocidad mayor que la luz. Y su cerebro solamente tendrá que ordenar las imágenes con las estaciones, y las de las líneas sinuosas de las guía férreas. El espíritu recorre volando con su visión mental puesta por encima de los rieles hacia adelante, y dejando atrás el tren. Pero de pronto, el espíritu se percata, de que hay realmente un grave problema: faltan algunos rieles y el tren se va a descarrilar. Rápidamente pero sin darse cuenta de su camino de retorno, pues no le dio tiempo de observar el camino al viajar en reversa, el espíritu regresa de nuevo a su cuerpo, así que la única manera que tiene el espíritu para expresarse mediante el cuerpo, es comenzar a dar gritos para ver si así logra que detengan el tren. Pero los otros pasajeros y el conductor del tren, solamente lo miran con cierta ironía, porque entienden que lo que estaba era soñando y no le hacen caso. De repente el tren efectivamente se descarrila, pero luego la gente concluye, que aquel pasajero en realidad no estaba soñando sino que es un adivino. Y en este caso, de malos augurios, porque el final del sueño, fue verdaderamente algo trágico.

Pero nadie puede adivinar exactamente el futuro, ya que el tiempo no existe. Sin embargo, la impresión de un acontecimiento, es lo que hace que se pueda viajar colocando en escena las imágenes que tampoco son reales, porque son solamente imágenes muy bien elaboradas; y según su nitidez, van a impactar con cierta intensidad al observador; pero la rapidez mayor que la luz con la cual nos movemos como espíritus formados por *almatrinos*, es lo que nos permite explicarnos, el hecho de poder estar en uno u otro sitio de manera real e instantánea, y algunas veces casi de manera simultánea en una escena real, lo cual algunas veces se confunde con la reencarnación y adivinadores del futuro.

14 ANÁLISIS DE LOS SUEÑOS

Y los sueños de manera general, no son más que el resultado de la actividad electrónica del cerebro. Pero también, resulta que la mayoría de los adivinos sólo se dedican a pronosticar eventos fatídicos, pero nunca acontecimientos relacionados con la felicidad. Tal vez, porque lo único que buscan es el aspecto presuntuoso para alimentar su creencia de mago, observando por ejemplo, un cigarro encendido y que el humo que sale dibuje en el aire impregnado, un no se sabe qué. O tal vez que el humo sustituyó las aves de los augures. Pero como nadie puede soñar por nosotros, y como no todos conocemos estas técnicas adivinatorias, entonces preferimos recurrir a otros, para saber qué es lo que ellos ven, por lo que uno no puede ver por sí mismo. O qué es lo que nos depara el supuesto destino. Pero la mayoría de las veces, el experto escoge aquellos temas que más afecten el sentimiento del otro; porque tal vez sus propios acontecimientos a nadie le interesa. Y muchas veces, no logran atinar incluso en sus propios pronósticos, lo cual debería ser una predicción más exacta. Y en colectivo, muchas personas creen que las facultades de tales adivinos son ciertas; y estas, no son más que el producto de la mera coincidencia o del azar, que involucra a las probabilidades y a las estadísticas.

Porque incluso, que nuestro desconocimiento, es aprovechado por otros, como una treta para elaborar sofisticadas propagandas de guerra, como en el caso de las «Profecías de Nostradamus», que a lo mejor era el personaje de una de estas novelas producto de la imaginación de algún autor habilidoso, porque al final, lo que se persigue, es que el engañador disponga de las bases mentirosas que soporten sus maldades de falsa bandera. Si pudiéramos lograr lo contrario, es decir, la sinceridad, tal vez la Tierra pudiera servir por mucho tiempo, como el único planeta capaz de albergar todas las formas de existencia.

En cuanto a los sueños que alguien quiere utilizar para predecir el futuro, tal vez, fue el ingeniero Británico John William Dunne, quien más se dedicó a anotar o llevar un registro escrito de sus sueños. Para luego esperar por los acontecimientos, para ver si estos tenían una relación o si sucedían realmente, tal como él los soñó. Pero en base a unas pocas coincidencias, él demostró que el «yo» soñador, no puede contenerse por sí solo en nuestra concepción actual del tiempo. Y hemos establecido solamente el panorama, y nosotros somos como la realidad que observa los acontecimientos que se van sucediendo constantemente. Mientras que algunos, pueden ver simplemente un poco más allá, o ampliar su rango de observación.

Pero digamos, o tal como lo describe J.B. Pristley en su libro, que Dunne decía, que vivimos en la corriente del tiempo como observadores 1 en el Tiempo 1. Y, paralelamente a nosotros, existe «otro yo»: el observador 2 en el Tiempo 2, y es lo que le permite a Dunne explicar la visión de los acontecimientos futuros durante los sueños. Porque el observador 2, puede contemplar en detalle, los estados sensoriales del Observador 1; es decir, sus experiencias en el tiempo 1: los fenómenos de la memoria, y la experiencia de los pensamientos asociativos, que corresponden a la vida ordinaria de una persona en estado de vigilia. Ahora bien, cuando el Observador 1 está despierto, este es el que sirve de guía, para que el Observador 2, contemple lo que el Observador 1 va descubriendo en el Tiempo 1. Es decir, que el observador 2, utiliza siempre el enfoque tridimensional que le brinda el Observador 1. O aquellos acontecimientos del pasado, pasando por el presente y proyectándose hacia el futuro. Pero el Observador 2 en el Tiempo 2, dispone de una perspectiva en la cuarta dimensión; lo cual significa, que las observaciones del Observador 2, puede que sean eventos futuros, pasados o presentes respecto al Observador 1. De tal forma, que cuando el Observador 1 se queda dormido, ya no le servirá de guía al Observador 2, y nuestro «yo 2» puede hacernos ver acontecimientos; que al despertar el Observador 1, serán eventos futuros para este.

Dunne también explica la inmortalidad del ser humano, y lo ilustra mediante un pintor que está con su caballete plasmando un paisaje en un cuadro. Pero el pintor se percata, que para que la pintura sea más realista, debería él, aparecer en el cuadro pintándolo. Por cuanto, se da cuenta, que en el cuadro faltan él, y también el caballete, y se le presentan una sucesión de imágenes, parecido a mirarse colocándose entre dos espejos, lo cual crea una serie de figuras virtuales e infinitas. Llega Dunne de esta forma a explicarse la inmortalidad, ya que el Observador 2 seguirá experimentando en el Tiempo 2, y aparecerá luego un Observador 3 en la quinta dimensión del Tiempo 3, cuyo guía será el observador 2, y así sucesivamente.

Desde luego que esta es una solución imaginaria que emanó de la mente de Dunne, y la conclusión todavía no es exacta. O un tanto diferente a la versión panorámica o más real que hemos expuesto del no tiempo. Y cuando deducimos que para poder ver acontecimientos futuros, que únicamente son sucesos relativos para un observador que está quieto, necesitamos viajar con una rapidez mayor que la de los *fotones* de la luz. Porque una realidad es, que no existen acontecimientos futuros, y todo cuanto ocurre en el Universo sucede al mismo momento; porque los eventos, solamente están separados por las enormes distancias. Pero si nos podemos mover como *almatrinos* con una rapidez de 27.000.000.000.000.000 kilómetros por segundo, desde luego que las distancias se acortan, y el tiempo para el corrimiento desaparecerá automáticamente. Y lo que podamos ver como *almatrinos* durante o entre ese lapso, puede que sea, y de hecho lo es, un acontecimiento futuro, para cualquier observador que esté detenido de manera relativa respecto a la Tierra. Así que el concepto del tiempo, solamente le puede ser útil a quien está quieto como observador, pero él o ella pertenecen al mismo Universo.

Y la utilidad de la explicación que hace Dunne, y que de hecho ya hemos expuesto científicamente sus bases mediante los conceptos de la autosugestión, relajación, respiración, pantalla mental, etc., está entonces en dejar orientado al observador 2, en cuanto a lo que queremos. Tal como le sucede a los niños cuando los invitamos a la playa, o cuando nosotros en ese estado, decidimos lo que queremos o deseamos para nosotros y para otros Seres vivos, porque no podemos olvidar, que no estamos solos en el Universo, y que la vida en la Tierra la compartimos con otros Seres.

Pero un «nuevo» concepto cuántico del desdoblamiento del tiempo, se le atribuyen al físico francés Jean-Pierre Garnier Malet, quien cien años después que Dunne (1988) formula una hipótesis, que tiene algunas implicaciones científicas y prácticas, pero que son parecidas a la teorías que Dunne hiciera en 1888. Y explica Jean-Pierre que tenemos dos tiempos diferentes al mismo tiempo: un solo segundo en un tiempo consciente; pero miles de millones de segundos en otro tiempo imperceptible, en el que podemos proyectar las cosas, cuya experiencia pasamos luego al tiempo consciente. Es como decir, el panorama del espacio que hemos descrito; por lo cual, esto tampoco aporta nada nuevo a la interpretación del tiempo, ya que Jean-Pierre Garnier indica que tenemos miles de millones de segundos que están por venir, por tanto, contrario a Max Born, Jean-Pierre utiliza el determinismo, es decir, él le da una escala lineal al tiempo. Y hemos dicho, que el tiempo no existe como algo tangible, sino que sirve para conectar lo que es verdaderamente real, como es la masa, la energía y la distancia. Pero en fin, lo que explica Garnier, es que el fenómeno del desdoblamiento del tiempo, nos da como resultado, visualizar el ser que vive en un tiempo real;

pero a su vez, conectado con un tiempo cuántico imperceptible, junto con varios estados potenciales. Como por ejemplo, ese ser cuántico memoriza como sería el mejor tiempo, y nos lo transmite a nosotros quienes vivimos en el tiempo real. Y según Garnier, «durante el día es muy difícil controlar el pensamiento; pero justo antes de quedarnos dormidos, tenemos un minuto, y basta con que durante ese minuto, controlemos, para que al conectarnos con esa parte energética, llamemos a nuestro doble, para pedirle que solucione nuestros problemas».

Eso es lo que explica Jean-Pierre, pero que nos es sino prácticamente lo mismo que hemos expuesto en cuanto a lograr permanecer en el borde del sueño mediante la autosugestión.

El desdoblamiento o viaje astral, es como dijimos, una de las situaciones que pueden presentarse. Pero se debe, a que en el estado de relax profundo, este nos puede llevar a un proceso, en el cual experimentamos que nos separamos del cuerpo; y podemos ser teletransportados hacia un lugar desconocido, cuando no hayamos planificado previamente hacia dónde queremos ir realmente durante el estado de relajación. Pero no importa, porque en este estado, el tiempo es irreal, así que podemos cambiar de manera instantánea el lugar imaginado, o como lo hizo el pasajero del tren antes de descarrilarse.

Igualmente, que el proceso del desdoblamiento es algo normal, pero se entiende que esto puede causar miedo en algunas personas. Porque ellos o ellas temen que pueden quedarse muertos. Pero allí la muerte tampoco existe, porque no es posible desencarnar en el estado espiritual. Y por ese posible temor, es la razón por la cual hemos recomendado hacerlo encerrados, y si es posible bajo llave, y en caso de vivir en pareja o con hijos, hacerles saber que uno va a realizar estos ejercicios de autohipnosis.

Pero hablando nuevamente de los niños, a ellos no es necesario enseñarles estas técnicas, porque lo hacen de manera natural, ya que por no tener perjuicios o que sus mentes están más vacías; y con menos problemas cotidianos que afrontar, ellos enfocan, crean y recrean mejor que nosotros los adultos, sus imágenes mentales.

Existen otras fábulas que se refieren a que si se mueve el cuerpo, ya el espíritu no podrá regresar. Pero en fin, eso tampoco se puede comprobar, ya que si alguien nos moviera el cuerpo, simplemente nos despertaremos del estado autohipnótico. Y en todo caso, siempre estaríamos conectados al cuerpo como se unen una cometa con su cuerda. Hacer el ejercicio sentados no traería el mismo problema, pues la relajación es un poco más superficial; o algo parecido a como duermen los peces. O si el entrenamiento es constante, estaremos siempre más vigilantes y consciente de todo cuanto acontece a nuestro alrededor. Es algo totalmente distinto a la catatonia.

Ese estado de desdoblamiento, se puede lograr por varias vías, como puede ser mediante la anestesia en un quirófano en cuanto a lo que ya no referimos como relajación medicamentosas. Puede ser por causa de un golpe, una descarga eléctrica o de manera voluntaria. La señora María Méndez, quien llevaba la contabilidad de mi empresa, tuvo un accidente; y cuando la fui a visitar, ella me contó que al hospital llegaron un grupo de médicos con sus batas blancas dirigidos por alguien que luego ella identificó como su padre. El asunto es que el padre de la Sra. María, ya tenía varios años de muerto, y lógicamente que él no era médico (al menos en esa encarnación). La atendieron cuidadosamente, y luego de la operación, la señora María Méndez mejoró rápidamente.

Tal vez eso fue una ilusión provocada por los medicamentos, pero un caso más real por otro golpe, le ocurrió a mi amigo Elbano Gudiño, y él me cuenta, que tuvo un accidente; y rápidamente llegaron los guardias viales con el auxilio. Pero lo cierto, es que Elbano le pedía a los guardias que ayudaran a la persona que estaba en la parte de atrás del Volkswagen, pero estos no le prestaban atención; y él se percató que los guardias no lo miraban a los ojos, y le pareció a él, que para ellos, él no existía. Se dirigió el mismo a auxiliar a la persona que estaba inconsciente en la parte de atrás del Volkswagen, y se sorprendió cuando vio que era él mismo.

O el caso de mi amigo Raúl González, quien al saber de mis experiencias, me promete presentarme al ingeniero eléctrico Antonio Velásquez, y al conocerlo, Antonio me cuenta que estando recién graduado, comenzó a trabajar en la reparación de un tendido eléctrico. Y cuando estaba montado en la cesta de una grúa telescópica, sin darse cuenta, con la mano derecha, se quitó el guante de su mano izquierda, el cual le servía de aislante; y al agarrar una de las líneas, recibió una descarga de 13 mil voltios. Y se percató que él estaba flotando en el aire, pero advirtió que su cuerpo estaba guindando con la mitad fuera de la cesta. Se apresuró y se introdujo de nuevo en su cuerpo y despertó. Tal vez si el cuerpo se hubiese caído, el golpe hubiera sido suficiente como para no poder utilizarlo nuevamente, y la caída del cuerpo, si hubiese logrado salirse de la cesta, él como energía tampoco lo hubiese podido detener, pues ya él se había desconectado de la química de sus

pensamientos, para, por ejemplo, extender un brazo y aga-
rrarse con una mano. Pero finalmente terminó su trabajo y lo
llevaron al hospital para el auxilio. Y me mostró las cicatrices
en los dedos de su mano izquierda. Luego, cuando le conté
que yo hacía eso, pero voluntariamente, lo noté sorprendido.

Son desde luego, unas pocas, pero diversas formas de demostrar, que somos una entidad dual formada por la energía y la
masa que forma el cuerpo. Pero que ambas formas son independientes, y pueden ser separadas; bien sea voluntaria o ac-
cidentalmente. Y si el cuerpo que utilizamos como sostén de
la energía se deteriora; y cuando ya no nos sirve para que
nuestra energía se exprese hacia el mundo físico, entonces la
parte energética se libera, y vagará de nuevo como energía.
Pero es la química del pensamiento lo que nos permite conectar la energía con la materia, con el fin de lograr el accionar,
para que el espíritu pueda expresarse en el mundo físico, mediante la fuerza que aporta el pensamiento. Y esta unidad
energética es la que está formada por los *almatrinos* con los
urdires. Pero la fuerza integradora de los *urdires* son tan variadas e intensas, que lograron formar diferentes clases de energía, que se pueden expresar en distintas formas y en diferentes clases de cuerpos, y así se conformaron todos los Seres
vivos de la Tierra. Incluso los árboles. Y aunque estos no tienen
esa facultad de poder expresarse, son igualmente energía
consciente.

Pero si el cuerpo llegara a inutilizarse, y el espíritu no lo pueda
seguir utilizando, entonces el espíritu desencarnado, tomará
la forma copiada de su última forma física, como un halo de
luz energética. Y podrá mostrarse o aparecerse ante alguien.
Y mientras más intensas sean las fuerzas integradoras de los

urdires con los *almatrinos*, más nítida y brillante será la imagen que muestre el espíritu.

Tal vez lo que no sabremos, es si esta luminosidad se logrará reforzar durante nuestra estadía en la Tierra; pero en todo caso, sería bueno cuidar, además del comportamiento psíquico y moral, la estampa física final que deseamos mostrar cuando estemos desencarnados.

Mi facultad de ver fantasmas, es decir, espíritus desencarnados, es lo que me demuestra la existencia de estos fenómenos, y me ha permitido encontrar una explicación, para tratarla de llevar a esta serie de libros, lo cual, respecto a la energía que somos, se describe mejor en «La Química del Espíritu». Y «Cómo se Formó el Universo» Pero quizás lo más importante, es que allí en estos libros, hemos tenido que introducir el nuevo concepto de *almatrinos* y *urdires*, para podernos explicar la existencia del espíritu, y de qué manera se formó el Universo a partir de la nada. O por qué podemos viajar con una rapidez equivalente al cubo de la velocidad de la luz. Y con este nuevo parámetro de velocidad, es que podemos explicarnos acontecimientos, que relativamente parecieran pertenecer al futuro. Y posiblemente así, tendríamos que entender que realmente, vivimos en un eterno momento.

Y en el otro contexto, el desdoblamiento astral puede suceder, y va a depender de nuestra voluntad, si queremos o no, experimentar esa experiencia. Ya que somos nosotros quienes manejamos a voluntad nuestra energía vital, de la misma forma que una vivaz mosca o un colibrí controlan sus movimientos. Por cierto que en Cuba al colibrí lo llaman *zanzuncito*, porque es el ave más pequeña que existe.

Lo cierto, es que estas iniciaciones, no son más que una serie de vivencias, con el fin o propósito de afianzar la sugestión, o lo que hoy estamos llamando autosugestión, lo cual incluso, se basa en hechos tan antiguos como la vida misma. Porque el ser humano siempre tratará de buscar la esencia de su origen, para darle una explicación a los fenómenos, los cuales, hasta que no se les dé una explicación serán considerados sobrenaturales. Y dejarán de ser intrigantes, solamente cuando la explicación dada tenga una base científica acertada. Los yoguis consiguen proyecciones astrales, pero ellos buscan la conexión con una fuente divina, la cual decimos aquí, que ese germen no es sino nosotros mismos como Seres creadores, pero todavía no nos percatamos, para apreciar el poder que tenemos para realizar y controlar nuestros intrincados pensamientos.

Y hemos analizado lo científico, porque de alguna manera hemos tratado de interconectar todas esas explicaciones con el fin de poder utilizarlas como un beneficio positivo, propio o en colectivo. Pero también, mediante las herramientas psicológicas expuestas podemos corregir nuestros contratiempos o confusiones de la vida. Pero si esto todavía no es suficiente, podemos recurrir a lo filosófico.

O podemos combinar todas estas disciplinas en una sola. Es decir, lo científico, lo psicológico y lo religioso en una única idea o forma de pensamiento universal. Por ejemplo, cuando Levi en su libro «El Evangelio de Acuario de Jesús el Cristo», dice que a él se le permitió entrar y revisar los registros akáshicos de Jesús. Los registros akáshicos, se dice que son como los archivos, donde se preserva la memoria universal de la existencia de cada uno; es decir, todas nuestras experiencias, incluyendo los conocimientos y vivencias acumuladas en vidas pasadas, así como la vida presente, y las ideas prospectivas de lo que podemos hacer para corregir, o cómo ser los orientadores mediante un servicio para poder ayudar a otros y a la causa universal.

El zodíaco comprende la zona circular de la esfera terrestre, por cuyo centro pasa la eclíptica que contiene las doce constelaciones que recorre el Sol en el transcurso de un año. Así que esa trayectoria quedó dividida en segmentos de doce regiones de 30 grados. Y cada una, recibe su nombre de las doce constelaciones que se encontraban en ese momento en el tiempo de Hiparco, en el siglo II antes de Cristo. En ese orden de izquierda a derecha, quedan ubicados *Aries*, *Tauro*, *Géminis*, etc. Pero debido a la procesión de los equinoccios, o al pasar el tiempo, es imposible que los segmentos contengan las mismas constelaciones, pues se ha movido el espacio. Es decir, que no quedarán siempre en el interior de esa demarcación el mismo cúmulo de estrellas. Pero si tomamos segmentos más grandes, o extrapolamos las líneas desde el origen, encontraremos que las mismas constelaciones, se encontrarán de nuevo exactamente en esa misma posición, cada 26.000 años. Y si nombramos los mismos segmentos pero en sentido contrario, o sea de derecha a izquierda, estos arcos de una gran circunferencia, que giran alrededor de un Gran Sol, estarán igualmente divididos en doce partes, pero cada una de estas, estará comprendida en un período de 2.100 años; o sea, 26.000 dividido entre 12, asignando a cada sección tres signos del zodíaco, correspondientes a cada estación del año terrestre. Ahora, al mismo arco de circunferencia se le asignan los mismos nombres del zodíaco, pero a esas secciones las llamaremos eras. Es decir, después de *Tauro* quedará *Aries*; viene luego *Piscis* y seguidamente *Acuario*. Y se dice entonces que cada segmento, o era, será gobernada por un regente llamado El Cristo. De esta forma, que Moisés gobernó en la era de *Tauro* y por eso adoraban al toro. Jesús gobernó en la era de *Piscis* y por eso su símbolo era un pez, y hasta ahora, se supone que acabamos de entrar en la era de *Acuario*. Pero todos conocemos a Jesús cuando niño, y lo recordamos solamente el 24 de diciembre de cada año, pero luego desaparece misteriosamente en el período de su adolescencia. Y según Levi, que su formación fue con sus maestros en la India, hasta que él vuelve a aparecer cuando adulto impartiendo sus conocimientos en la época del imperio romano.

Pero como quiera que sea, lo cierto es que Levi extrae de los registros akáshicos de Jesús el Cristo, una situación que tiene que ver con el sufrimiento y el cambio de actitud mental. Y narra Levi, que cuando Jesús recibe la noticia de la muerte de su padre, él también se entera de que su madre sufre mucho, y por ello, Jesús le envía a su amada madre María, una carta donde le dice: «¿Por qué has de llorar? Las lágrimas no pueden conquistar el sufrimiento, porque no hay poder en el luto para rehacer un corazón despedazado. El plano del sufrimiento es ociosidad, y el alma ocupada nunca puede sufrir. No tiene tiempo para sufrir. Y cuando el sufrimiento viene en tropel al corazón, simplemente olvidémonos de nosotros mismos, y sumerjámonos profundamente en alguna obra de amor, y el sufrimiento desaparece. La tuya es obra de amor. El mundo todo tiene hambre de amor. Deja pues, que el pasado se vaya con el pasado, y elévate por encima de las preocupaciones de las cosas carnales, y da tu vida a los vivos. Si pierdes tu vida sirviendo a la vida, seguramente la encontrarás en el Sol de la mañana, en el rocío de la noche, en el canto de las aves, en las flores, en las estrellas... Y en un poquito de tiempo, tus problemas del plano de la Tierra estarán solucionados. Y cuando tus sumas estén hechas, será un placer inenarrable para ti, entrar en planos más amplios de servicio, y solucionar los problemas más grandes del alma. Trata pues de estar contenta, y un día iré a ti y te traeré regalos más ricos que el oro y las piedras preciosas».

RESPECTO AL AUTOR

Egresado de la Escuela de Química, Facultad de Ciencias de la Universidad Central de Venezuela, con el título de Licenciado en Tecnología Química. Estudios de post grado en Ciencia y Tecnología de los Alimentos. Trabajo especial sobre la química de los productos naturales y la química de las enfermedades. Prácticas de la meditación, autohipnosis, el viaje astral, música alofónica y los sueños precognitivos.

www.ingramcontent.com/pod-product-compliance
Lightning Source LLC
Chambersburg PA
CBHW021602280526
45784CB00001BA/463